Vor lauter Lauschen und Staunen sei still . . .

Rainer Maria Rilke ist einer der bedeutendsten Lyriker deutscher Sprache und erfreut sich bis heute einer ungebrochenen Popularität. Dichten ist für Rilke eine Art, die Welt zu erfassen und das Leben zu bewältigen – damit zieht er wie kein anderer besonders auch die jüngeren Generationen in den Bann. Seine einfühlsame, poetische Bildsprache und magische Sprachkraft haben ihn und seine Lyrik unsterblich gemacht. Dieser Band versammelt eine Auswahl der schönsten Gedichte aus Rilkes umfangreichem Gesamtwerk.

Rainer Maria Rilke, geboren am 4. Dezember 1875 in Prag, ist am 29. Dezember 1926 in Valmont (Schweiz) gestorben. Rainer Maria Rilke ist seit dem Jahr 1900 Autor des Insel Verlages, seit 1908 wird sein Werk hier nahezu geschlossen betreut.

insel taschenbuch 4053
Rainer Maria Rilke
Die schönsten Gedichte

RAINER MARIA
RILKE

Die schönsten Gedichte

Insel Verlag

Umschlagfoto: Hanka Steidele

7. Auflage 2016

Erste Auflage 2011
insel taschenbuch 4053
Originalausgabe
© Insel Verlag Berlin 2011
Alle Rechte vorbehalten, insbesondere das der
Übersetzung, des öffentlichen Vortrags
sowie der Übertragung durch Rundfunk und Fernsehen,
auch einzelner Teile.
Kein Teil des Werkes darf in irgendeiner Form
(durch Fotografie, Mikrofilm oder andere Verfahren)
ohne schriftliche Genehmigung des Verlages reproduziert
oder unter Verwendung elektronischer Systeme verarbeitet,
vervielfältigt oder verbreitet werden.
Vertrieb durch den Suhrkamp Taschenbuch Verlag
Umschlag: HildenDesign, München, www.hildendesign.de
Satz: Satz-Offizin Hümmer GmbH, Waldbüttelbrunn
Druck: CPI – Ebner & Spiegel, Ulm
Printed in Germany
ISBN 978-3-458-35753-7

INHALT

Träumen ... 13
Lieben ... 27
Advent ... 38
Die Nacht holt heimlich ... 39
Das ist die Sehnsucht ... 40
Ich bin zu Hause zwischen Tag und Traum ... 41
Du mußt das Leben nicht verstehen ... 42
Vor lauter Lauschen und Staunen sei still ... 43
Träume, die in deinen Tiefen wallen ... 44
Engellieder ... 45
Ich fürchte mich so vor der Menschen Wort ... 48
Nenn ich dich Aufgang oder Untergang? ... 49
Ich lebe mein Leben in wachsenden Ringen ... 50
Ich liebe dich ... 51
Lösch mir die Augen aus ... 52
Und sieh: ihr Leib ist wie ein Bräutigam ... 53
Das Lied der Bildsäule ... 54
Der Wahnsinn ... 55
Die Liebende ... 56
Die Braut ... 57
Die Stille ... 58
Der Knabe ... 59
Zum Einschlafen zu sagen ... 60
Menschen bei Nacht ... 61
Einsamkeit ... 62
Herbsttag ... 63
Vorgefühl ... 64
Ernste Stunde ... 65
Sag weißt du Liebesnächte? ... 65

Welche Wiesen duften deine Hände? ... 66
Oh du bist schön ... 67
Früher Apollo ... 68
Liebes-Lied ... 69
Opfer ... 70
Östliches Taglied ... 71
Der Panther ... 72
Der Schwan ... 73
Kindheit ... 74
Abschied ... 75
Blaue Hortensie ... 76
Auferstehung ... 77
Die Kurtisane ... 78
Römische Fontäne ... 79
Das Karussell ... 80
Archaïscher Torso Apollos ... 82
Leda ... 83
Der Tod der Geliebten ... 84
Eine Sibylle ... 85
Die Brandstätte ... 86
Der Abenteurer ... 87
Corrida ... 90
Die Schwestern ... 92
Die Liebende ... 93
Das Rosen-Innere ... 94
Die Flamingos ... 95
Persisches Heliotrop ... 96
Schlaflied ... 97
Der Pavillon ... 98
Der Ball ... 99
Die siebente Elegie ... 100

Und fast ein Mädchen wars ... 104
O ihr Zärtlichen ... 105
Wandelt sich rasch auch die Welt ... 106
Frühling ist wiedergekommen ... 107
Du aber, Göttlicher ... 108
Spiegel: noch nie hat man wissend beschrieben ... 109
Rühmt euch, ihr Richtenden ... 110
Ich möchte dir ein Liebes schenken ... 111
Mein Leben ist wie leise See ... 112
Ich geh dir nach ... 113
Das Land ist licht ... 114
Einmal, am Rande des Hains ... 115
Fragst du mich ... 116
.... Und dein Haar, das niederglitt ... 117
Waren Schritte in dem Heiligtume? ... 118
Ein junges Mädchen: das ist wie ein Stern ... 119
Die Liebenden ... 120
Gebet für die Irren und Sträflinge ... 121
Du, der ichs nicht sage ... 122
An Lou Andreas-Salomé ... 123
Perlen entrollen ... 125
Komm wann du sollst ... 126
Überfließende Himmel ... 128
Nicht, wie du ihn nennst ... 129
Einmal nahm ich zwischen meine Hände ... 129
Du im Voraus ... 130
Flutet mir in diese trübe Reise ... 131
Oh wie fühl ich still zu dir hinüber ... 132
Oh wie schälst du mein Herz ... 133
Dich zu fühlen ... 133
Heute will ich dir zu Liebe Rosen ... 134

Immer wieder ... 136
Liebesanfang ... 137
Graue Liebesschlangen ... 138
An die Musik ... 138
Wie waren sie verwirrt ... 139
Wunderliches Wort ... 140
Du, die ich zeitig schon begann zu feiern ... 141
Gegen-Strophen ... 142
Wir, in den ringenden Nächten ... 144
Tränenkrüglein ... 144
Das Füllhorn ... 145
Alles ist mir lieb ... 146
Daß ich die Früchte beschrieb ... 147
Einmal kam die Frau ... 148
Wilder Rosenbusch ... 149
Noch fast gleichgültig ist dieses Mit-dir-sein 150
An der sonngewohnten Straße ... 151
Warst Du's, die ich im starken Traum umfing ... 152
Oh erhöhe mich nicht! ... 153
Welt war in dem Antlitz der Geliebten ... 154
Magie ... 155
Nachthimmel und Sternenfall ... 156
Heb mich aus meines Abfalls Finsternissen ... 157
Aus dem Umkreis: Nächte ... 158
Drei Gedichte aus dem Umkreis: Spiegelungen ... 159
Jetzt wär es Zeit ... 161
Rose, oh reiner Widerspruch ... 162
Ankunft ... 162
Für Alfred Walther Heymel ... 163
Gedichte für Lulu Albert-Lazard ... 164
Für Hans Carossa ... 173

Sieben Gedichte ... 174
Komm du ... 178

Alphabetisches Verzeichnis der Gedichtanfänge
   und Überschriften ... 179

Textnachweise ... 186

TRÄUMEN

I

Mein Herz gleicht der vergessenen Kapelle;
auf dem Altare prahlt ein wilder Mai.
Der Sturm, der übermütige Geselle,
brach längst die kleinen Fenster schon entzwei;
er schleicht herein jetzt bis zur Sakristei
und zerrt dort an der Ministrantenschelle.
Der schrillen Glocke zager Sehnsuchtsschrei
ruft zu der längst entwöhnten Opferstelle
den arg erstaunten fernen Gott herbei.
Da lacht der Wind und hüpft durchs Fenster frei.
Doch der Erzürnte packt des Klanges Welle
und schmettert an den Fliesen sie entzwei.

Und arme Wünsche knien in langer Reih
vorm Tor und betteln an vermooster Schwelle.
Doch längst schon geht kein Beter mehr vorbei.

II

Ich denke an:

Ein Dörfchen schlicht in des Friedens Prangen,
drin Hahngekräh;
und dieses Dörfchen verloren gegangen
im Blütenschnee.
Und drin im Dörfchen mit Sonntagsmienen
ein kleines Haus;
ein Blondkopf nickt aus den Tüllgardinen

verstohlen heraus.
Rasch auf die Türe, die angelheiser
um Hilfe ruft, –
und dann in der Stube ein leiser, leiser
Lavendelduft ...

III

Mir ist: ein Häuschen wär mein eigen;
vor seiner Türe säß ich spät,
wenn hinter violetten Zweigen
bei halbverhalltem Grillengeigen
die rote Sonne sterben geht.

Wie eine Mütze grünlich-samten
steht meinem Haus das moosge Dach,
und seine kleinen, dickumrammten
und blankverbleiten Scheiben flammten
dem Tage heiße Grüße nach.

Ich träumte, und mein Auge langte
schon nach den blassen Sternen hin, –
vom Dorfe her ein Ave bangte,
und ein verlorner Falter schwankte
im schneeig schimmernden Jasmin.

Die müde Herde trollte trabend
vorbei, der kleine Hirte pfiff, –
und in die Hand das Haupt vergrabend,
empfand ich, wie der Feierabend
in meiner Seele Saiten griff.

IV

Eine alte Weide trauert
dürr und fühllos in den Mai, –
eine alte Hütte kauert
grau und einsam hart dabei.

War ein Nest einst in der Weide,
in der Hütt ein Glück zu Haus;
Winter kam und Weh, – und beide
blieben aus ...

V

Die Rose hier, die gelbe
gab gestern mir der Knab,
heut trag ich sie, dieselbe,
hin auf sein frisches Grab.

An ihren Blättern lehnen
noch lichte Tröpfchen, – schau!
Nur heute sind es Tränen, –
und gestern war es Tau ...

VI

Wir saßen beisammen im Dämmerlichte.
»Mütterchen«, schmeichelte ich, »nicht wahr,
du erzählst mir noch einmal die schöne Geschichte
von der Prinzessin mit goldnem Haar?« –

Seit Mütterchen tot ist, durch dämmernde Tage
führt mich die Sehnsucht, die blasse Frau;
und von der schönen Prinzessin die Sage
weiß sie wie Mütterchen ganz genau ...

VII

Ich wollt, sie hätten statt der Wiege
mir einen kleinen Sarg gemacht,
dann wär mir besser wohl, dann schwiege
die Lippe längst in feuchter Nacht.

Dann hätte nie ein wilder Wille
die bange Brust durchzittert, – dann
wärs in dem kleinen Körper stille,
so still, wie's niemand denken kann.

Nur eine Kinderseele stiege
zum Himmel hoch so sacht, – ganz sacht ...
Was haben sie mir statt der Wiege
nicht einen kleinen Sarg gemacht? –

VIII

Jene Wolke will ich neiden,
die dort oben schweben darf!
Wie sie auf besonnte Heiden
ihre schwarzen Schatten warf.

Wie die Sonne zu verdüstern
sie vermochte kühn genug,
wenn die Erde lichteslüstern
grollte unter ihrem Flug.

All die goldnen Strahlenfluten
jener Sonne wollt auch ich
hemmen! Wenn auch für Minuten!
Wolke! Ja, ich neide dich!

IX

Mir ist: Die Welt, die laute, kranke,
hat jüngst zerstört ein jäh Zerstieben,
und mir nur ist der Weltgedanke,
der große, in der Brust geblieben.

Denn so ist sie, wie ich sie dachte;
ein jeder Zwiespalt ist vertost:
auf goldnen Sonnenflügeln sachte
umschwebt mich grüner Waldestrost.

X

Wenn das Volk, das drohnenträge,
trabt den altvertrauten Trott,
möcht ich weiße Wandelwege
wallen durch das Duftgehege
ernst und einsam wie ein Gott.

Wandeln nach den glanzdurchsprühten
Fernen, lichten Lohns bewußt; –
um die Stirne kühle Blüten
und von kinderkeuschen Mythen
voll die sabbatstille Brust.

XI

Weiß ich denn, wie mir geschieht?
In den Lüften Düftequalmen
und in bronzebraunen Halmen
ein verlornes Grillenlied.

Auch in meiner Seele klingt
tief ein Klang, ein traurig-lieber, –
so hört wohl ein Kind im Fieber,
wie die tote Mutter singt.

XII

Schon blinzt aus argzerfetztem Laken
der holde, keusche Götternacken
der früherwachenden Natur,
und nur in tiefentlegnen Talen
zeigt hinter violetten, kahlen
Gebüschen sich mit falschem Prahlen
des Winters weiße Sohlenspur.

Hin geh ich zwischen Weidenbäumen
an nassen Räderrinnensäumen
den Fahrweg, und der Wind ist mild.
Die Sonne prangt im Glast des Märzen
und zündet an im dunkeln Herzen
der Sehnsucht weiße Opferkerzen
vor meiner Hoffnung Gnadenbild.

XIII

Fahlgrauer Himmel, von dem jede Farbe
bange verblich.
Weit – ein einziger lohroter Strich
wie eine brennende Geißelnarbe.

Irre Reflexe vergehn und erscheinen.
Und in der Luft
liegts wie ersterbender Rosenduft
und wie verhaltenes Weinen . . .

XIV

Die Nacht liegt duftschwer auf dem Parke,
und ihre Sterne schauen still,
wie schon des Mondes weiße Barke
im Lindenwipfel landen will.

Fern hör ich die Fontäne lallen
ein Märchen, das ich längst vergaß, –
und dann ein leises Apfelfallen
ins hohe, regungslose Gras.

Der Nachtwind schwebt vom nahen Hügel
und trägt durch alte Eichenreihn
auf seinem blauen Falterflügel
den schweren Duft vom jungen Wein.

XV

Im Schooß der silberhellen Schneenacht
dort schlummert alles weit und breit,
und nur ein ewig wildes Weh wacht
in einer Seele Einsamkeit.

Du fragst, warum die Seele schwiege,
warum sie's in die Nacht hinaus
nicht gießt? – Sie weiß, wenns ihr entstiege,
es löschte alle Sterne aus.

XVI

Abendläuten. Aus den Bergen hallt es
wieder neu zurück in immer mattern
Tönen. Und ein Lüftchen fühlst du flattern
von dem grünen Talgrund her, ein kaltes.

In den weißen Wiesenquellen lallt es
wie ein Stammeln kindischen Gebetes;
durch den schwarzen Tannenhochwald geht es
wie ein Dämmern, ein jahrhundertaltes.

Durch die Fuge eines Wolkenspaltes
wirft der Abend rote Blutkorallen
nach den Felsenwänden. – Und sie prallen
lautlos von den Schultern des Basaltes.

XVII

Weltenweiter Wandrer,
walle fort in Ruh ...
also kennt kein andrer
Menschenleid wie du.

Wenn mit lichtem Leuchten
du beginnst den Lauf,
schlägt der Schmerz die feuchten
Augen zu dir auf.

Drinnen liegt – als riefen
sie dir zu: Versteh! –
tief in ihren Tiefen
eine Welt voll Weh ...

Tausend Tränen reden
ewig ungestillt,
und in einer jeden
spiegelt sich dein Bild!

XVIII

Möchte mir ein blondes Glück erkiesen;
doch vom Sehnen bin ich müd und Suchen. –
Weiße Wasser gehn in stillen Wiesen,
und der Abend blutet in die Buchen.

Mädchen wandern heimwärts. Rot im Mieder
Rosen; ferneher verklingt ihr Lachen ...
Und die ersten Sterne kommen wieder
und die Träume, die so traurig machen.

XIX

Vor mir liegt ein Felsenmeer,
Sträucher, halb im Schutt versunken.
Todesschweigen. – Nebeltrunken
hangt der Himmel drüber her.

Nur ein matter Falter schwirrt
rastlos durch das Land, das kranke ...
Einsam, wie ein Gottgedanke
durch die Brust des Leugners irrt.

XX

Die Fenster glühten an dem stillen Haus,
der ganze Garten war voll Rosendüften.
Hoch spannte über weißen Wolkenklüften
der Abend in den unbewegten Lüften
die Schwingen aus.

Ein Glockenton ergoß sich auf die Au ...
Lind wie ein Ruf aus himmlischen Bezirken.
Und heimlich über flüstervollen Birken
sah ich die Nacht die ersten Sterne wirken
ins blasse Blau.

XXI

Es gibt so wunderweiße Nächte,
drin alle Dinge Silber sind.
Da schimmert mancher Stern so lind,
als ob er fromme Hirten brächte
zu einem neuen Jesuskind.

Weit wie mit dichtem Demantstaube
bestreut, erscheinen Flur und Flut,
und in die Herzen, traumgemut,
steigt ein kapellenloser Glaube,
der leise seine Wunder tut.

XXII

Wie eine Riesenwunderblume prangt
voll Duft die Welt, an deren Blütenspelze,
ein Schmetterling mit blauem Schwingenschmelze,
die Mainacht hangt.

Nichts regt sich; nur der Silberfühler blinkt ...
Dann trägt sein Flügel ihn, sein frühverblaßter,
nach Morgen, wo aus feuerroter Aster
er Sterben trinkt ...

XXIII

Wie, jegliches Gefühl vertiefend,
ein süßer Drang die Brust bewegt,
wenn sich die Mainacht, sternetriefend,
auf mäuschenstille Plätze legt.

Da schleichst du hin auf sachter Sohle
und schwärmst zum blanken Blau hinauf,
und groß wie eine Nachtviole
geht dir die dunkle Seele auf ...

XXIV

O gäbs doch Sterne, die nicht bleichen,
wenn schon der Tag den Ost besäumt;
von solchen Sternen ohnegleichen
hat meine Seele oft geträumt.

Von Sternen, die so milde blinken,
daß dort das Auge landen mag,
das müde ward vom Sonnetrinken
an einem goldnen Sommertag.

Und schlichen hoch ins Weltgetriebe
sich wirklich solche Sterne ein, –
sie müßten der verborgnen Liebe
und allen Dichtern heilig sein.

XXV

Mir ist so weh, so weh, als müßte
die ganze Welt in Grau vergehn,
als ob mich die Geliebte küßte
und spräch: Auf Nimmerwiedersehn.

Als ob ich tot wär und im Hirne
mir dennoch wühlte wilde Qual,
weil mir vom Hügel eine Dirne
die letzte, blasse Rose stahl ...

XXVI

Matt durch der Tale Gequalme wankt
Abend auf goldenen Schuhn, –
Falter, der träumend am Halme hangt,
weiß nichts vor Wonne zu tun.

Alles schlürft heil an der Stille sich. –
Wie da die Seele sich schwellt,
daß sie als schimmernde Hülle sich
legt um das Dunkel der Welt.

XXVII

Ein Erinnern, das ich heilig heiße,
leuchtet mir durchs innerste Gemüt,
so wie Götterbildermarmorweiße
durch geweihter Haine Dämmer glüht.

Das Erinnern einstger Seligkeiten,
das Erinnern an den toten Mai, –
Weihrauch in den weißen Händen, schreiten
meine stillen Tage dran vorbei ...

XXVIII

Glaubt mir, daß ich, matt vom Kranken,
keinen lauten Lenz mehr mag, –
will nur einen sonnenblanken,
wipfelroten Frühherbsttag.

Will die Lust, die jubelschrille,
nicht mehr in die Brust zurück, –
will nur Sterbestubenstille
drinnen – für mein totes Glück.

LIEBEN

I

Und wie mag die Liebe dir kommen sein?
Kam sie wie ein Sonnen, ein Blütenschnein,
kam sie wie ein Beten? – Erzähle:

Ein Glück löste leuchtend aus Himmeln sich los
und hing mit gefalteten Schwingen groß
an meiner blühenden Seele ...

II

Das war der Tag der weißen Chrysanthemen, –
mir bangte fast vor seiner schweren Pracht ...
Und dann, dann kamst du mir die Seele nehmen
tief in der Nacht.

Mir war so bang, und du kamst lieb und leise, –
ich hatte grad im Traum an dich gedacht.
Du kamst, und leis wie eine Märchenweise
erklang die Nacht ...

III

Einen Maitag mit dir beisammen sein,
und selbander verloren ziehn
durch der Blüten duftqualmende Flammenreihn
zu der Laube von weißem Jasmin.

Und von dorten hinaus in den Maiblust schaun,
jeder Wunsch in der Seele so still ...
Und ein Glück sich mitten in Mailust baun,
ein großes, – das ists, was ich will ...

IV

Ich weiß nicht, wie mir geschieht ...
Weiß nicht, was Wonne ich lausche,
mein Herz ist fort wie im Rausche,
und die Sehnsucht ist wie ein Lied.

Und mein Mädel hat fröhliches Blut
und hat das Haar voller Sonne
und die Augen von der Madonne,
die heute noch Wunder tut.

V

Ob du's noch denkst, daß ich dir Äpfel brachte
und dir das Goldhaar glattstrich leis und lind?
Weißt du, das war, als ich noch gerne lachte,
und du warst damals noch ein Kind.

Dann ward ich ernst. In meinem Herzen brannte
ein junges Hoffen und ein alter Gram ...
Zur Zeit, als einmal dir die Gouvernante
den ›Werther‹ aus den Händen nahm.

Der Frühling rief. Ich küßte dir die Wangen,
dein Auge sah mich groß und selig an.
Das war ein Sonntag. Ferne Glocken klangen,
und Lichter gingen durch den Tann ...

VI

Wir saßen beide in Gedanken
im Weinblattdämmer – du und ich –
und über uns in duftgen Ranken
versummte wo ein Hummel sich.

Reflexe hielten, bunte Kreise,
in deinem Haare flüchtig Rast ...
Ich sagte nichts als einmal leise:
»Was du für schöne Augen hast.«

VII

Blondköpfchen hinter den Scheiben
hebt es sich ab so fein, –
sternt es ins Stäubchentreiben
oder zu mir herein?

Ist es das Köpfchen, das liebe,
das mich gefesselt hält,
oder das Stäubchengetriebe
dort in der sonnigen Welt?

Keins sieht zum andern hinüber.
Heimlich, die Stirne voll Ruh
schreitet der Abend vorüber ...
Und wir? Wir sehn ihm halt zu. –

VIII

Die Liese wird heute just sechzehn Jahr.
Sie findet im Klee einen Vierling ...
Fern drängt sichs wie eine Bubenschar:
die Löwenzähne mit blondem Haar
betreut vom sternigen Schierling.

Dort hockt hinterm Schierling der Riesenpan,
der strotzige, lose Geselle.
Jetzt sieht er verstohlen die Liese nahn
und lacht und wälzt durch den Wiesenplan
des Windes wallende Welle ...

IX

Ich träume tief im Weingerank
mit meiner blonden Kleinen;
es bebt ihr Händchen, elfenschlank,
im heißen Zwang der meinen.

So wie ein gelbes Eichhorn huscht
das Licht hin im Reflexe,
und violetter Schatten tuscht
ins weiße Kleid ihr Kleckse.

In unsrer Brust liegt glückverschneit
goldsonniges Verstummen.
Da kommt in seinem Sammetkleid
ein Hummel Segen summen . . .

X

Es ist ein Weltmeer voller Lichte,
das der Geliebten Aug umschließt,
wenn von der Flut der Traumgesichte
die keusche Seele überfließt.

Dann beb ich vor der Wucht des Schimmers
so wie ein Kind, das stockt im Lauf,
geht vor der Pracht des Christbaumzimmers
die Flügeltüre lautlos auf.

XI

Ich war noch ein Knabe. Ich weiß, es hieß:
Heut kommt Base Olga zu Gaste.
Dann sah ich dich nahn auf dem schimmernden Kies,
ins Kleidchen gepreßt, ins verblaßte.

Bei Tisch saß man später nach Ordnung und Rang
und frischte sich mäßig die Kehle;
und wie mein Glas an das deine klang,
da ging mir ein Riß durch die Seele.

Ich sah dir erstaunt ins Gesicht und vergaß
mich dem Plaudern der andern zu einen,
denn tief im trockenen Halse saß
mir würgend ein wimmerndes Weinen.

Wir gingen im Parke. – Du sprachst vom Glück
und küßtest die Lippen mir lange,
und ich gab dir fiebernde Küsse zurück
auf die Stirne, den Mund und die Wange.

Und da machtest du leise die Augen zu,
die Wonne blind zu ergründen ...
Und mir ahnte im Herzen: da wärest du
am liebsten gestorben in Sünden ...

XII

Die Nacht im Silberfunkenkleid
streut Träume eine Handvoll,
die füllen mir mit Trunkenheit
die tiefe Seele randvoll.

Wie Kinder eine Weihnacht sehn
voll Glanz und goldnen Nüssen, –
seh ich dich durch die Mainacht gehn
und alle Blumen küssen.

XIII

Schon starb der Tag. Der Wald war zauberhaft,
und unter Farnen bluteten Zyklamen,
die hohen Tannen glühten, Schaft bei Schaft,
es war ein Wind, – und schwere Düfte kamen.
Du warst von unserm weiten Weg erschlafft,
ich sagte leise deinen süßen Namen:
Da bohrte sich mit wonnewilder Kraft
aus deines Herzens weißem Liliensamen
die Feuerlilie der Leidenschaft.

Rot war der Abend – und dein Mund so rot,
wie meine Lippen sehnsuchtheiß ihn fanden,
und jene Flamme, die uns jäh durchloht,
sie leckte an den neidischen Gewanden ...
Der Wald war stille, und der Tag war tot.
Uns aber war der Heiland auferstanden,
und mit dem Tage starben Neid und Not.
Der Mond kam groß an unsern Hügeln landen,
und leise stieg das Glück aus weißem Boot.

XIV

Es leuchteten im Garten die Syringen,
von einem Ave war der Abend voll, –
da war es, daß wir voneinander gingen
in Gram und Groll.

Die Sonne war in heißen Fieberträumen
gestorben hinter grauen Hängen weit,
und jetzt verglomm auch hinter Blütenbäumen
dein weißes Kleid.

Ich sah den Schimmer nach und nach vergehen
und bangte bebend wie ein furchtsam Kind,
das lange in ein helles Licht gesehen:
Bin ich jetzt blind? –

XV

Oft scheinst du mir ein Kind, ein kleines, –
dann fühl ich mich so ernst und alt, –
wenn nur ganz leis dein glockenreines
Gelächter in mir widerhallt.

Wenn dann in großem Kinderstaunen
dein Auge aufgeht, tief und heiß, –
möcht ich dich küssen und dir raunen
die schönsten Märchen, die ich weiß.

XVI

Nach einem Glück ist meine Seele lüstern,
nach einem kurzen, dummen Wunderwahn ...
Im Quellenquirlen und im Föhrenflüstern
da hör ichs nahn ...

Und wenn von Hügeln, die sich purpurn säumen,
in bleiche Bläue schwimmt der Silberkahn, –
dann unter schattenschweren Blütenbäumen
seh ich es nahn.

In weißem Kleid; so wie das Lieb, das tote,
am Sonntag mit mir ging durch Staub und Strauch,
am Herzen jene Blume nur, die rote,
trug es die auch? ...

XVII

Wir gingen unter herbstlich bunten Buchen,
vom Abschiedsweh die Augen Beide rot ...
»Mein Liebling, komm, wir wollen Blumen suchen.«
Ich sagte bang: »Die sind schon tot.«

Mein Wort war lauter Weinen. – In den Äthern
stand kindisch lächelnd schon ein blasser Stern.
Der matte Tag ging sterbend zu den Vätern,
und eine Dohle schrie von fern. –

XVIII

Im Frühling oder im Traume
bin ich dir begegnet einst,
und jetzt gehn wir zusamm durch den Herbsttag,
und du drückst mir die Hand und weinst.

Weinst du ob der jagenden Wolken?
Ob der blutroten Blätter? Kaum.
Ich fühl es: du warst einmal glücklich
im Frühling oder im Traum ...

XIX

Sie hatte keinerlei Geschichte,
ereignislos ging Jahr um Jahr –
auf einmal kams mit lauter Lichte ...
die Liebe oder was das war.

Dann plötzlich sah sie's bang zerrinnen,
da liegt ein Teich vor ihrem Haus ...
So wie ein Traum scheints zu beginnen,
und wie ein Schicksal geht es aus.

XX

Man merkte: der Herbst kam. Der Tag war schnell
erstorben im eigenen Blute.
Im Zwielicht nur glimmte die Blume noch grell
auf der Kleinen verbogenem Hute.

Mit ihrem zerschlissenen Handschuh strich
sie die Hand mir schmeichelnd und leise. –
Kein Mensch in der Gasse als sie und ich ...
Und sie bangte: Du reisest? »Ich reise.«

Da stand sie, das Köpfchen voll Abschiedsnot
in den Stoff meines Mantels vergrabend ...
Vom Hütchen nickte die Rose rot,
und es lächelte müde der Abend.

XXI

Manchmal da ist mir: Nach Gram und Müh
will mich das Schicksal noch segnen,
wenn mir in feiernder Sonntagsfrüh
lachende Mädchen begegnen ...
Lachen hör ich sie gerne.

Lange dann liegt mir das Lachen im Ohr,
nie kann ichs, wähn ich, vergessen ...
Wenn sich der Tag hinterm Hange verlor,
will ich mirs singen ... Indessen
singens schon oben die Sterne ...

XXII

Es ist lang, – es ist lang ...
wann – weiß ich gar nimmer zu sagen ...
eine Glocke klang, eine Lerche sang –
und ein Herz hat so selig geschlagen.
Der Himmel so blank überm Jungwaldhang,
der Flieder hat Blüten getragen, –

und im Sonntagskleide ein Mädchen, schlank,
das Auge voll staunender Fragen ...
Es ist lang, – es ist lang ...

ADVENT

Es treibt der Wind im Winterwalde
die Flockenherde wie ein Hirt,
und manche Tanne ahnt, wie balde
sie fromm und lichterheilig wird;
und lauscht hinaus. Den weißen Wegen
streckt sie die Zweige hin – bereit,
und wehrt dem Wind und wächst entgegen
der einen Nacht der Herrlichkeit.

DIE Nacht holt heimlich durch des Vorhangs Falten
aus deinem Haar vergeßnen Sonnenschein.
Schau, ich will nichts, als deine Hände halten
und still und gut und voller Frieden sein.

Da wächst die Seele mir, bis sie in Scherben
den Alltag sprengt; sie wird so wunderweit:
An ihren morgenroten Molen sterben
die ersten Wellen der Unendlichkeit.

DAS ist die Sehnsucht: wohnen im Gewoge
und keine Heimat haben in der Zeit.
Und das sind Wünsche: leise Dialoge
täglicher Stunden mit der Ewigkeit.

Und das ist Leben. Bis aus einem Gestern
die einsamste von allen Stunden steigt,
die, anders lächelnd als die andern Schwestern,
dem Ewigen entgegenschweigt.

ICH bin zu Hause zwischen Tag und Traum.
Dort wo die Kinder schläfern, heiß vom Hetzen,
dort wo die Alten sich zu Abend setzen,
und Herde glühn und hellen ihren Raum.

Ich bin zu Hause zwischen Tag und Traum.
Dort wo die Abendglocken klar verklangen
und Mädchen, vom Verhallenden befangen,
sich müde stützen auf den Brunnensaum.

Und eine Linde ist mein Lieblingsbaum;
und alle Sommer, welche in ihr schweigen,
rühren sich wieder in den tausend Zweigen
und wachen wieder zwischen Tag und Traum.

DU mußt das Leben nicht verstehen,
dann wird es werden wie ein Fest.
Und laß dir jeden Tag geschehen
so wie ein Kind im Weitergehen
von jedem Wehen
sich viele Blüten schenken läßt.

Sie aufzusammeln und zu sparen,
das kommt dem Kind nicht in den Sinn.
Es löst sie leise aus den Haaren,
drin sie so gern gefangen waren,
und hält den lieben jungen Jahren
nach neuen seine Hände hin.

VOR lauter Lauschen und Staunen sei still,
du mein tieftiefes Leben;
daß du weißt, was der Wind dir will,
eh noch die Birken beben.

Und wenn dir einmal das Schweigen sprach,
laß deine Sinne besiegen.
Jedem Hauche gieb dich, gieb nach,
er wird dich lieben und wiegen.

Und dann meine Seele sei weit, sei weit,
daß dir das Leben gelinge,
breite dich wie ein Feierkleid
über die sinnenden Dinge.

TRÄUME, die in deinen Tiefen wallen,
aus dem Dunkel laß sie alle los.
Wie Fontänen sind sie, und sie fallen
lichter und in Liederintervallen
ihren Schalen wieder in den Schooß.

Und ich weiß jetzt: wie die Kinder werde.
Alle Angst ist nur ein Anbeginn;
aber ohne Ende ist die Erde,
und das Bangen ist nur die Gebärde,
und die Sehnsucht ist ihr Sinn –

ENGELLIEDER

Ich ließ meinen Engel lange nicht los,
und er verarmte mir in den Armen
und wurde klein, und ich wurde groß;
und auf einmal war ich das Erbarmen,
und er eine zitternde Bitte bloß.

Da hab ich ihm seine Himmel gegeben, –
und er ließ mir das Nahe, daraus er entschwand;
er lernte das Schweben, ich lernte das Leben,
und wir haben langsam einander erkannt...

*

Seit mich mein Engel nicht mehr bewacht,
kann er frei seine Flügel entfalten
und die Stille der Sterne durchspalten, –
denn er muß meiner einsamen Nacht
nicht mehr die ängstlichen Hände halten –
seit mich mein Engel nicht mehr bewacht.

*

Hat auch mein Engel keine Pflicht mehr,
seit ihn mein strenger Tag vertrieb,
oft senkt er sehnend sein Gesicht her
und hat die Himmel nicht mehr lieb.

Er möchte wieder aus armen Tagen
über der Wälder rauschendem Ragen
meine blassen Gebete tragen
in die Heimat der Cherubim.

Dorthin trug er mein frühes Weinen
und Bedanken, und meine kleinen
Leiden wuchsen dorten zu Hainen,
welche flüstern über ihm ...

*

Wenn ich einmal im Lebensland,
im Gelärme von Markt und Messe –
meiner Kindheit erblühte Blässe:
meinen ernsten Engel vergesse –
seine Güte und sein Gewand,
die betenden Hände, die segnende Hand, –
in meinen heimlichsten Träumen behalten
werde ich immer das Flügelfalten,
das wie eine weiße Zypresse
hinter ihm stand ...

*

Seine Hände blieben wie blinde
Vögel, die, um Sonne betrogen,
wenn die andern über die Wogen
zu den währenden Lenzen zogen,
in der leeren, entlaubten Linde
wehren müssen dem Winterwinde.

Auf seinen Wangen war die Scham
der Bräute, die über der Seele Schrecken
dunkle Purpurdecken
breiten dem Bräutigam.

Und in den Augen lag
Glanz von dem ersten Tag, –
aber weit über allem war
ragend das tragende Flügelpaar ...

*

Um die vielen Madonnen sind
viele ewige Engelknaben,
die Verheißung und Heimat haben
in dem Garten, wo Gott beginnt.
Und sie ragen alle nach Rang,
und sie tragen die goldenen Geigen,
und die Schönsten dürfen nie schweigen:
ihre Seelen sind aus Gesang.
Immer wieder müssen sie
klingen alle die dunkeln Chorale,
die sie klangen vieltausend Male:
Gott stieg nieder aus seinem Strahle
und du warst die schönste Schale
Seiner Sehnsucht, Madonna Marie.
Aber oft in der Dämmerung
wird die Mutter müder und müder, –
und dann flüstern die Engelbrüder,
und sie jubeln sie wieder jung.
Und sie winken mit den weißen
Flügeln festlich im Hallenhofe,
und sie heben aus den heißen
Herzen höher die eine Strophe:
Alle, die in Schönheit gehn,
werden in Schönheit auferstehn.

ICH fürchte mich so vor der Menschen Wort.
Sie sprechen alles so deutlich aus:
Und dieses heißt Hund und jenes heißt Haus,
und hier ist Beginn und das Ende ist dort.

Mich bangt auch ihr Sinn, ihr Spiel mit dem Spott,
sie wissen alles, was wird und war;
kein Berg ist ihnen mehr wunderbar;
ihr Garten und Gut grenzt grade an Gott.

Ich will immer warnen und wehren: Bleibt fern.
Die Dinge singen hör ich so gern.
Ihr rührt sie an: sie sind starr und stumm.
Ihr bringt mir alle die Dinge um.

NENN ich dich Aufgang oder Untergang?
Denn manchmal bin ich vor dem Morgen bang
und greife scheu nach seiner Rosen Röte –
und ahne eine Angst in seiner Flöte
vor Tagen, welche liedlos sind und lang.

Aber die Abende sind mild und mein,
von meinem Schauen sind sie still beschienen;
in meinen Armen schlafen Wälder ein, –
und ich bin selbst das Klingen über ihnen,
und mit dem Dunkel in den Violinen
verwandt durch all mein Dunkelsein.

ICH lebe mein Leben in wachsenden Ringen,
die sich über die Dinge ziehn.
Ich werde den letzten vielleicht nicht vollbringen,
aber versuchen will ich ihn.

Ich kreise um Gott, um den uralten Turm,
und ich kreise jahrtausendelang;
und ich weiß noch nicht: bin ich ein Falke, ein Sturm
oder ein großer Gesang.

ICH liebe dich, du sanftestes Gesetz,
an dem wir reiften, da wir mit ihm rangen;
du großes Heimweh, das wir nicht bezwangen,
du Wald, aus dem wir nie hinausgegangen,
du Lied, das wir mit jedem Schweigen sangen,
du dunkles Netz,
darin sich flüchtend die Gefühle fangen.

Du hast dich so unendlich groß begonnen
an jenem Tage, da du uns begannst, –
und wir sind so gereift in deinen Sonnen,
so breit geworden und so tief gepflanzt,
daß du in Menschen, Engeln und Madonnen
dich ruhend jetzt vollenden kannst.

Laß deine Hand am Hang der Himmel ruhn
und dulde stumm, was wir dir dunkel tun.

LÖSCH mir die Augen aus: ich kann dich sehn,
wirf mir die Ohren zu: ich kann dich hören,
und ohne Füße kann ich zu dir gehn,
und ohne Mund noch kann ich dich beschwören.
Brich mir die Arme ab, ich fasse dich
mit meinem Herzen wie mit einer Hand,
halt mir das Herz zu, und mein Hirn wird schlagen,
und wirfst du in mein Hirn den Brand,
so werd ich dich auf meinem Blute tragen.

UND sieh: ihr Leib ist wie ein Bräutigam
und fließt im Liegen hin gleich einem Bache,
und lebt so schön wie eine schöne Sache,
so leidenschaftlich und so wundersam.
In seiner Schlankheit sammelt sich das Schwache,
das Bange, das aus vielen Frauen kam;
doch sein Geschlecht ist stark und wie ein Drache
und wartet schlafend in dem Tal der Scham.

DAS LIED DER BILDSÄULE

Wer ist es, wer mich so liebt, daß er
sein liebes Leben verstößt?
Wenn einer für mich ertrinkt im Meer,
so bin ich vom Steine zur Wiederkehr
ins Leben, ins Leben erlöst.

Ich sehne mich so nach dem rauschenden Blut;
der Stein ist so still.
Ich träume vom Leben: das Leben ist gut.
Hat keiner den Mut,
durch den ich erwachen will?

Und werd ich einmal im Leben sein,
das mir alles Goldenste giebt, –
– – – – – – – – – – – – – – –
so werd ich allein
weinen, weinen nach meinem Stein.
Was hilft mir mein Blut, wenn es reift wie der Wein?
Es kann aus dem Meer nicht den Einen schrein,
der mich am meisten geliebt.

DER WAHNSINN

Sie muß immer sinnen: Ich bin ... ich bin ...
Wer bist du denn, Marie?
 Eine Königin, eine Königin!
 In die Kniee vor mir, in die Knie!

Sie muß immer weinen: Ich war ... ich war ...
Wer warst du denn, Marie?
 Ein Niemandskind, ganz arm und bar,
 und ich kann dir nicht sagen wie.

Und wurdest aus einem solchen Kind
eine Fürstin, vor der man kniet?
 Weil die Dinge alle anders sind,
 als man sie beim Betteln sieht.

So haben die Dinge dich groß gemacht,
und kannst du noch sagen wann?
 Eine Nacht, eine Nacht, über *eine* Nacht, –
 und sie sprachen mich anders an.
 Ich trat in die Gasse hinaus und sieh:
 die ist wie mit Saiten bespannt;
 da wurde Marie Melodie, Melodie ...
 und tanzte von Rand zu Rand.
 Die Leute schlichen so ängstlich hin,
 wie hart an die Häuser gepflanzt, –
 denn das darf doch nur eine Königin,
 daß sie tanzt in den Gassen: tanzt! ...

DIE LIEBENDE

Ja ich sehne mich nach dir. Ich gleite
mich verlierend selbst mir aus der Hand,
ohne Hoffnung, daß ich Das bestreite,
was zu mir kommt wie aus deiner Seite
ernst und unbeirrt und unverwandt.

... jene Zeiten: O wie war ich Eines,
nichts was rief und nichts was mich verriet;
meine Stille war wie eines Steines,
über den der Bach sein Murmeln zieht.

Aber jetzt in diesen Frühlingswochen
hat mich etwas langsam abgebrochen
von dem unbewußten dunkeln Jahr.
Etwas hat mein armes warmes Leben
irgendeinem in die Hand gegeben,
der nicht weiß was ich noch gestern war.

DIE BRAUT

Ruf mich, Geliebter, ruf mich laut!
Laß deine Braut nicht so lange am Fenster stehn
In den alten Platanenalleen
wacht der Abend nicht mehr:
sie sind leer.

Und kommst du mich nicht in das nächtliche Haus
mit deiner Stimme verschließen,
so muß ich mich aus meinen Händen hinaus
in die Gärten des Dunkelblaus
ergießen ...

DIE STILLE

Hörst du, Geliebte, ich hebe die Hände –
hörst du: es rauscht ...
Welche Gebärde der Einsamen fände
sich nicht von vielen Dingen belauscht?
Hörst du, Geliebte, ich schließe die Lider,
und auch *das* ist Geräusch bis zu dir.
Hörst du, Geliebte, ich hebe sie wieder ...
... aber warum bist du nicht hier.

Der Abdruck meiner kleinsten Bewegung
bleibt in der seidenen Stille sichtbar;
unvernichtbar drückt die geringste Erregung
in den gespannten Vorhang der Ferne sich ein.
Auf meinen Atemzügen heben und senken
die Sterne sich.
Zu meinen Lippen kommen die Düfte zur Tränke,
und ich erkenne die Handgelenke
entfernter Engel.
Nur die ich denke: Dich
seh ich nicht.

DER KNABE

Ich möchte einer werden so wie die,
die durch die Nacht mit wilden Pferden fahren,
mit Fackeln, die gleich aufgegangnen Haaren
in ihres Jagens großem Winde wehn.
Vorn möcht ich stehen wie in einem Kahne,
groß und wie eine Fahne aufgerollt.
Dunkel, aber mit einem Helm von Gold,
der unruhig glänzt. Und hinter mir gereiht
zehn Männer aus derselben Dunkelheit
mit Helmen, die, wie meiner, unstät sind,
bald klar wie Glas, bald dunkel, alt und blind.
Und einer steht bei mir und bläst uns Raum
mit der Trompete, welche blitzt und schreit,
und bläst uns eine schwarze Einsamkeit,
durch die wir rasen wie ein rascher Traum:
Die Häuser fallen hinter uns ins Knie,
die Gassen biegen sich uns schief entgegen,
die Plätze weichen aus: wir fassen sie,
und unsre Rosse rauschen wie ein Regen.

ZUM EINSCHLAFEN ZU SAGEN

Ich möchte jemanden einsingen,
bei jemandem sitzen und sein.
Ich möchte dich wiegen und kleinsingen
und begleiten schlafaus und schlafein.
Ich möchte der Einzige sein im Haus,
der wüßte: die Nacht war kalt.
Und möchte horchen herein und hinaus
in dich, in die Welt, in den Wald.
Die Uhren rufen sich schlagend an,
und man sieht der Zeit auf den Grund.
Und unten geht noch ein fremder Mann
und stört einen fremden Hund.
Dahinter wird Stille. Ich habe groß
die Augen auf dich gelegt;
und sie halten dich sanft und lassen dich los,
wenn ein Ding sich im Dunkel bewegt.

MENSCHEN BEI NACHT

Die Nächte sind nicht für die Menge gemacht.
Von deinem Nachbar trennt dich die Nacht,
und du sollst ihn nicht suchen trotzdem.
Und machst du nachts deine Stube licht,
um Menschen zu schauen ins Angesicht,
so mußt du bedenken: wem.

Die Menschen sind furchtbar vom Licht entstellt,
das von ihren Gesichtern träuft,
und haben sie nachts sich zusammengesellt,
so schaust du eine wankende Welt
durcheinandergehäuft.
Auf ihren Stirnen hat gelber Schein
alle Gedanken verdrängt,
in ihren Blicken flackert der Wein,
an ihren Händen hängt
die schwere Gebärde, mit der sie sich
bei ihren Gesprächen verstehn;
und dabei sagen sie: *Ich* und *Ich*
und meinen: Irgendwen.

EINSAMKEIT

Die Einsamkeit ist wie ein Regen.
Sie steigt vom Meer den Abenden entgegen;
von Ebenen, die fern sind und entlegen,
geht sie zum Himmel, der sie immer hat.
Und erst vom Himmel fällt sie auf die Stadt.

Regnet hernieder in den Zwitterstunden,
wenn sich nach Morgen wenden alle Gassen
und wenn die Leiber, welche nichts gefunden,
enttäuscht und traurig von einander lassen;
und wenn die Menschen, die einander hassen,
in *einem* Bett zusammen schlafen müssen:

dann geht die Einsamkeit mit den Flüssen . . .

HERBSTTAG

Herr: es ist Zeit. Der Sommer war sehr groß.
Leg deinen Schatten auf die Sonnenuhren,
und auf den Fluren laß die Winde los.

Befiehl den letzten Früchten voll zu sein;
gieb ihnen noch zwei südlichere Tage,
dränge sie zur Vollendung hin und jage
die letzte Süße in den schweren Wein.

Wer jetzt kein Haus hat, baut sich keines mehr.
Wer jetzt allein ist, wird es lange bleiben,
wird wachen, lesen, lange Briefe schreiben
und wird in den Alleen hin und her
unruhig wandern, wenn die Blätter treiben.

VORGEFÜHL

Ich bin wie eine Fahne von Fernen umgeben.
Ich ahne die Winde, die kommen, und muß sie leben,
während die Dinge unten sich noch nicht rühren:
die Türen schließen noch sanft, und in den Kaminen ist Stille;
die Fenster zittern noch nicht, und der Staub ist noch schwer.

Da weiß ich die Stürme schon und bin erregt wie das Meer.
Und breite mich aus und falle in mich hinein
und werfe mich ab und bin ganz allein
in dem großen Sturm.

ERNSTE STUNDE

Wer jetzt weint irgendwo in der Welt,
    ohne Grund weint in der Welt,
    weint über mich.

*

SAG weißt du Liebesnächte? Treiben nicht
auf deinem Blut Kelchblätter weicher Worte?
Sind nicht an deinem lieben Leibe Orte,
die sich entsinnen wie ein Angesicht?

*

WELCHE Wiesen duften deine Hände?
Fühlst du wie auf deine Widerstände
stärker sich der Duft von draußen stützt.
Drüber stehn die Sterne schon in Bildern.
Gieb mir, Liebe, deinen Mund zu mildern;
ach, dein ganzes Haar ist unbenützt.

Sieh, ich will dich mit dir selbst umgeben
und die welkende Erwartung heben
von dem Rande deiner Augenbraun;
wie mit lauter Liderinnenseiten
will ich dir mit meinen Zärtlichkeiten
alle Stellen schließen, welche schaun.

OH du bist schön.   Wenn auch nicht mir.
Aber du kannst dich nirgends verhalten.
Ich weiß, daß mir deine Augen nicht galten,
aber ich habe mich wie ein Tier
in deine Blicke gelegt.   O du bist schön.

Um die Höhn
deines Leibes kreist
dunkel dein Duft.
Und dein spiegelnder Geist
speist
grundlose Brunnen in dir.
O du bist schön.

Mir ist die Lust
zu Rose und Pfirsich vergangen.
Die Spangen
an deinen Armen sind wärmer.
Ich will keine Vögel mehr fangen.
Ich will ärmer und ärmer
werden für dich: so schön bist du.

Meine Sinne sind mir zu Einem Sinn
verschmolzen an dir.
Ich spüre nur, daß ich zu dir hin
bin –: nimm.   Verlier.

FRÜHER APOLLO

Wie manches Mal durch das noch unbelaubte
Gezweig ein Morgen durchsieht, der schon ganz
im Frühling ist: so ist in seinem Haupte
nichts was verhindern könnte, daß der Glanz

aller Gedichte uns fast tödlich träfe;
denn noch kein Schatten ist in seinem Schaun,
zu kühl für Lorbeer sind noch seine Schläfe
und später erst wird aus den Augenbraun

hochstämmig sich der Rosengarten heben,
aus welchem Blätter, einzeln, ausgelöst
hintreiben werden auf des Mundes Beben,

der jetzt noch still ist, niegebraucht und blinkend
und nur mit seinem Lächeln etwas trinkend
als würde ihm sein Singen eingeflößt.

LIEBES-LIED

Wie soll ich meine Seele halten, daß
sie nicht an deine rührt? Wie soll ich sie
hinheben über dich zu andern Dingen?
Ach gerne möcht ich sie bei irgendwas
Verlorenem im Dunkel unterbringen
an einer fremden stillen Stelle, die
nicht weiterschwingt, wenn deine Tiefen schwingen.
Doch alles, was uns anrührt, dich und mich,
nimmt uns zusammen wie ein Bogenstrich,
der aus zwei Saiten *eine* Stimme zieht.
Auf welches Instrument sind wir gespannt?
Und welcher Geiger hat uns in der Hand?
O süßes Lied.

OPFER

O wie blüht mein Leib aus jeder Ader
duftender, seitdem ich dich erkenn;
sieh, ich gehe schlanker und gerader,
und du wartest nur –: wer bist du denn?

Sieh: ich fühle, wie ich mich entferne,
wie ich Altes, Blatt um Blatt, verlier.
Nur dein Lächeln steht wie lauter Sterne
über dir und bald auch über mir.

Alles was durch meine Kinderjahre
namenlos noch und wie Wasser glänzt,
will ich nach dir nennen am Altare,
der entzündet ist von deinem Haare
und mit deinen Brüsten leicht bekränzt.

ÖSTLICHES TAGLIED

Ist dieses Bette nicht wie eine Küste,
ein Küstenstreifen nur, darauf wir liegen?
Nichts ist gewiß als deine hohen Brüste,
die mein Gefühl in Schwindeln überstiegen.

Denn diese Nacht, in der so vieles schrie,
in der sich Tiere rufen und zerreißen,
ist sie uns nicht entsetzlich fremd? Und wie:
was draußen langsam anhebt, Tag geheißen,
ist das uns denn verständlicher als sie?

Man müßte so sich ineinanderlegen
wie Blütenblätter um die Staubgefäße:
so sehr ist überall das Ungemäße
und häuft sich an und stürzt sich uns entgegen.

Doch während wir uns aneinander drücken,
um nicht zu sehen, wie es ringsum naht,
kann es aus dir, kann es aus mir sich zücken:
denn unsre Seelen leben von Verrat.

DER PANTHER
Im Jardin des Plantes, Paris

Sein Blick ist vom Vorübergehn der Stäbe
so müd geworden, daß er nichts mehr hält.
Ihm ist, als ob es tausend Stäbe gäbe
und hinter tausend Stäben keine Welt.

Der weiche Gang geschmeidig starker Schritte,
der sich im allerkleinsten Kreise dreht,
ist wie ein Tanz von Kraft um eine Mitte,
in der betäubt ein großer Wille steht.

Nur manchmal schiebt der Vorhang der Pupille
sich lautlos auf –. Dann geht ein Bild hinein,
geht durch der Glieder angespannte Stille –
und hört im Herzen auf zu sein.

DER SCHWAN

Diese Mühsal, durch noch Ungetanes
schwer und wie gebunden hinzugehn,
gleicht dem ungeschaffnen Gang des Schwanes.

Und das Sterben, dieses Nichtmehrfassen
jenes Grunds, auf dem wir täglich stehn,
seinem ängstlichen Sich-Niederlassen –:

in die Wasser, die ihn sanft empfangen
und die sich, wie glücklich und vergangen,
unter ihm zurückziehn, Flut um Flut;
während er unendlich still und sicher
immer mündiger und königlicher
und gelassener zu ziehn geruht.

KINDHEIT

Es wäre gut viel nachzudenken, um
von so Verlornem etwas auszusagen,
von jenen langen Kindheit-Nachmittagen,
die so nie wiederkamen – und warum?

Noch mahnt es uns –: vielleicht in einem Regnen,
aber wir wissen nicht mehr was das soll;
nie wieder war das Leben von Begegnen,
von Wiedersehn und Weitergehn so voll

wie damals, da uns nichts geschah als nur
was einem Ding geschieht und einem Tiere:
da lebten wir, wie Menschliches, das Ihre
und wurden bis zum Rande voll Figur.

Und wurden so vereinsamt wie ein Hirt
und so mit großen Fernen überladen
und wie von weit berufen und berührt
und langsam wie ein langer neuer Faden
in jene Bilder-Folgen eingeführt,
in welchen nun zu dauern uns verwirrt.

ABSCHIED

Wie hab ich das gefühlt was Abschied heißt.
Wie weiß ichs noch: ein dunkles unverwundnes
grausames Etwas, das ein Schönverbundnes
noch einmal zeigt und hinhält und zerreißt.

Wie war ich ohne Wehr, dem zuzuschauen,
das, da es mich, mich rufend, gehen ließ,
zurückblieb, so als wärens alle Frauen
und dennoch klein und weiß und nichts als dies:

Ein Winken, schon nicht mehr auf mich bezogen,
ein leise Weiterwinkendes –, schon kaum
erklärbar mehr: vielleicht ein Pflaumenbaum,
von dem ein Kuckuck hastig abgeflogen.

BLAUE HORTENSIE

So wie das letzte Grün in Farbentiegeln
sind diese Blätter, trocken, stumpf und rauh,
hinter den Blütendolden, die ein Blau
nicht auf sich tragen, nur von ferne spiegeln.

Sie spiegeln es verweint und ungenau,
als wollten sie es wiederum verlieren,
und wie in alten blauen Briefpapieren
ist Gelb in ihnen, Violett und Grau;

Verwaschnes wie an einer Kinderschürze,
Nichtmehrgetragnes, dem nichts mehr geschieht:
wie fühlt man eines kleinen Lebens Kürze.

Doch plötzlich scheint das Blau sich zu verneuen
in einer von den Dolden, und man sieht
ein rührend Blaues sich vor Grünem freuen.

AUFERSTEHUNG

Der Graf vernimmt die Töne
er sieht einen lichten Riß;
er weckt seine dreizehn Söhne
im Erb-Begräbnis.

Er grüßt seine beiden Frauen
ehrerbietig von weit –;
und alle, voll Vertrauen,
stehn auf zur Ewigkeit

und warten nur noch auf Erich
und Ulriken Dorotheen,
die, sieben- und dreizehnjährig,
   (sechzehnhundertzehn)
verstorben sind im Flandern,
um heute vor den andern
unbeirrt herzugehn.

DIE KURTISANE

Venedigs Sonne wird in meinem Haar
ein Gold bereiten: aller Alchemie
erlauchten Ausgang. Meine Brauen, die
den Brücken gleichen, siehst du sie

hinführen ob der lautlosen Gefahr
der Augen, die ein heimlicher Verkehr
an die Kanäle schließt, so daß das Meer
in ihnen steigt und fällt und wechselt. Wer

mich einmal sah, beneidet meinen Hund,
weil sich auf ihm oft in zerstreuter Pause
die Hand, die nie an keiner Glut verkohlt,

die unverwundbare, geschmückt, erholt –.
Und Knaben, Hoffnungen aus altem Hause,
gehn wie an Gift an meinem Mund zugrund.

RÖMISCHE FONTÄNE
Borghese

Zwei Becken, eins das andre übersteigend
aus einem alten runden Marmorrand,
und aus dem oberen Wasser leis sich neigend
zum Wasser, welches unten wartend stand,

dem leise redenden entgegenschweigend
und heimlich, gleichsam in der hohlen Hand,
ihm Himmel hinter Grün und Dunkel zeigend
wie einen unbekannten Gegenstand;

sich selber ruhig in der schönen Schale
verbreitend ohne Heimweh, Kreis aus Kreis,
nur manchmal träumerisch und tropfenweis

sich niederlassend an den Moosbehängen
zum letzten Spiegel, der sein Becken leis
von unten lächeln macht mit Übergängen.

DAS KARUSSELL
Jardin du Luxembourg

Mit einem Dach und seinem Schatten dreht
sich eine kleine Weile der Bestand
von bunten Pferden, alle aus dem Land,
das lange zögert, eh es untergeht.
Zwar manche sind an Wagen angespannt,
doch alle haben Mut in ihren Mienen;
ein böser roter Löwe geht mit ihnen
und dann und wann ein weißer Elefant.

Sogar ein Hirsch ist da, ganz wie im Wald,
nur daß er einen Sattel trägt und drüber
ein kleines blaues Mädchen aufgeschnallt.

Und auf dem Löwen reitet weiß ein Junge
und hält sich mit der kleinen heißen Hand,
dieweil der Löwe Zähne zeigt und Zunge.

Und dann und wann ein weißer Elefant.

Und auf den Pferden kommen sie vorüber,
auch Mädchen, helle, diesem Pferdesprunge
fast schon entwachsen; mitten in dem Schwunge
schauen sie auf, irgendwohin, herüber –

Und dann und wann ein weißer Elefant.

Und das geht hin und eilt sich, daß es endet,
und kreist und dreht sich nur und hat kein Ziel.
Ein Rot, ein Grün, ein Grau vorbeigesendet,

ein kleines kaum begonnenes Profil –.
Und manchesmal ein Lächeln, hergewendet,
ein seliges, das blendet und verschwendet
an dieses atemlose blinde Spiel . . .

ARCHAÏSCHER TORSO APOLLOS

Wir kannten nicht sein unerhörtes Haupt,
darin die Augenäpfel reiften. Aber
sein Torso glüht noch wie ein Kandelaber,
in dem sein Schauen, nur zurückgeschraubt,

sich hält und glänzt. Sonst könnte nicht der Bug
der Brust dich blenden, und im leisen Drehen
der Lenden könnte nicht ein Lächeln gehen
zu jener Mitte, die die Zeugung trug.

Sonst stünde dieser Stein entstellt und kurz
unter der Schultern durchsichtigem Sturz
und flimmerte nicht so wie Raubtierfelle;

und bräche nicht aus allen seinen Rändern
aus wie ein Stern: denn da ist keine Stelle,
die dich nicht sieht. Du mußt dein Leben ändern.

LEDA

Als ihn der Gott in seiner Not betrat,
erschrak er fast, den Schwan so schön zu finden;
er ließ sich ganz verwirrt in ihm verschwinden.
Schon aber trug ihn sein Betrug zur Tat,

bevor er noch des unerprobten Seins
Gefühle prüfte. Und die Aufgetane
erkannte schon den Kommenden im Schwane
und wußte schon: er bat um Eins,

das sie, verwirrt in ihrem Widerstand,
nicht mehr verbergen konnte. Er kam nieder
und halsend durch die immer schwächre Hand

ließ sich der Gott in die Geliebte los.
Dann erst empfand er glücklich sein Gefieder
und wurde wirklich Schwan in ihrem Schooß.

DER TOD DER GELIEBTEN

Er wußte nur vom Tod was alle wissen:
daß er uns nimmt und in das Stumme stößt.
Als aber sie, nicht von ihm fortgerissen,
nein, leis aus seinen Augen ausgelöst,

hinüberglitt zu unbekannten Schatten,
und als er fühlte, daß sie drüben nun
wie einen Mond ihr Mädchenlächeln hatten
und ihre Weise wohlzutun:

da wurden ihm die Toten so bekannt,
als wäre er durch sie mit einem jeden
ganz nah verwandt; er ließ die andern reden

und glaubte nicht und nannte jenes Land
das gutgelegene, das immersüße –
Und tastete es ab für ihre Füße.

EINE SIBYLLE

Einst, vor Zeiten, nannte man sie alt.
Doch sie blieb und kam dieselbe Straße
täglich. Und man änderte die Maße,
und man zählte sie wie einen Wald

nach Jahrhunderten. Sie aber stand
jeden Abend auf derselben Stelle,
schwarz wie eine alte Citadelle
hoch und hohl und ausgebrannt;

von den Worten, die sich unbewacht
wider ihren Willen in ihr mehrten,
immerfort umschrieen und umflogen,
während die schon wieder heimgekehrten
dunkel unter ihren Augenbogen
saßen, fertig für die Nacht.

DIE BRANDSTÄTTE

Gemieden von dem Frühherbstmorgen, der
mißtrauisch war, lag hinter den versengten
Hauslinden, die das Heidehaus beengten,
ein Neues, Leeres. Eine Stelle mehr,

auf welcher Kinder, von Gott weiß woher,
einander zuschrien und nach Fetzen haschten.
Doch alle wurden stille, sooft er,
der Sohn von hier, aus heißen, halbveraschten

Gebälken Kessel und verbogne Tröge
an einem langen Gabelaste zog, –
um dann mit einem Blick als ob er löge
die andern anzusehn, die er bewog

zu glauben, was an dieser Stelle stand.
Denn seit es nicht mehr war, schien es ihm so
seltsam: phantastischer als Pharao.
Und er war anders. Wie aus fernem Land.

DER ABENTEURER

I

Wenn er unter jene welche *waren*
trat: der Plötzliche, der *schien*,
war ein Glanz wie von Gefahren
in dem ausgesparten Raum um ihn,

den er lächelnd überschritt, um einer
Herzogin den Fächer aufzuheben:
diesen warmen Fächer, den er eben
wollte fallen sehen. Und wenn keiner

mit ihm eintrat in die Fensternische
(wo die Parke gleich ins Träumerische
stiegen, wenn er nur nach ihnen wies),
ging er lässig an die Kartentische
und gewann. Und unterließ

nicht, die Blicke alle zu behalten,
die ihn zweifelnd oder zärtlich trafen,
und auch die in Spiegel fielen, galten.
Er beschloß, auch heute nicht zu schlafen

wie die letzte lange Nacht, und bog
einen Blick mit seinem rücksichtslosen
welcher war: als hätte er von Rosen
Kinder, die man irgendwo erzog.

II

In den Tagen – (nein, es waren keine),
da die Flut sein unterstes Verlies
ihm bestritt, als wär es nicht das seine,
und ihn, steigend, an die Steine
der daran gewöhnten Wölbung stieß,

fiel ihm plötzlich einer von den Namen
wieder ein, die er vor Zeiten trug.
Und er wußte wieder: Leben kamen,
wenn er lockte; wie im Flug

kamen sie: noch warme Leben Toter,
die er, ungeduldiger, bedrohter,
weiterlebte mitten drin;
oder die nicht ausgelebten Leben,
und er wußte sie hinaufzuheben,
und sie hatten wieder Sinn.

Oft war keine Stelle an ihm sicher,
und er zitterte: Ich bin – – –
doch im nächsten Augenblicke glich er
dem Geliebten einer Königin.

Immer wieder war ein Sein zu haben:
die Geschicke angefangner Knaben,
die, als hätte man sie nicht gewagt,
abgebrochen waren, abgesagt,
nahm er auf und riß sie in sich hin;
denn er mußte einmal nur die Gruft

solcher Aufgegebener durchschreiten,
und die Düfte ihrer Möglichkeiten
lagen wieder in der Luft.

CORRIDA

In memoriam Montez, 1830

Seit er, klein beinah, aus dem Toril
ausbrach, aufgescheuchten Augs und Ohrs,
und den Eigensinn des Picadors
und die Bänderhaken wie im Spiel

hinnahm, ist die stürmische Gestalt
angewachsen – sieh: zu welcher Masse,
aufgehäuft aus altem schwarzen Hasse,
und das Haupt zu einer Faust geballt,

nicht mehr spielend gegen irgendwen,
nein: die blutigen Nackenhaken hissend
hinter den gefällten Hörnern, wissend
und von Ewigkeit her gegen Den,

der in Gold und mauver Rosaseide
plötzlich umkehrt und, wie einen Schwarm
Bienen und als ob ers eben leide,
den Bestürzten unter seinem Arm

durchläßt, – während seine Blicke heiß
sich noch einmal heben, leichtgelenkt,
und als schlüge draußen jener Kreis
sich aus ihrem Glanz und Dunkel nieder
und aus jedem Schlagen seiner Lider,

ehe er gleichmütig, ungehässig,
an sich selbst gelehnt, gelassen, lässig
in die wiederhergerollte große
Woge über dem verlornen Stoße
seinen Degen beinah sanft versenkt.

DIE SCHWESTERN

Sieh, wie sie dieselben Möglichkeiten
anders an sich tragen und verstehn,
so als sähe man verschiedne Zeiten
durch zwei gleiche Zimmer gehn.

Jede meint die andere zu stützen,
während sie doch müde an ihr ruht;
und sie können nicht einander nützen,
denn sie legen Blut auf Blut,

wenn sie sich wie früher sanft berühren
und versuchen, die Allee entlang
sich geführt zu fühlen und zu führen:
Ach, sie haben nicht denselben Gang.

DIE LIEBENDE

Das ist mein Fenster. Eben
bin ich so sanft erwacht.
Ich dachte, ich würde schweben.
Bis wohin reicht mein Leben,
und wo beginnt die Nacht?

Ich könnte meinen, alles
wäre noch Ich ringsum;
durchsichtig wie eines Kristalles
Tiefe, verdunkelt, stumm.

Ich könnte auch noch die Sterne
fassen in mir; so groß
scheint mir mein Herz; so gerne
ließ es ihn wieder los

den ich vielleicht zu lieben,
vielleicht zu halten begann.
Fremd, wie niebeschrieben
sieht mich mein Schicksal an.

Was bin ich unter diese
Unendlichkeit gelegt,
duftend wie eine Wiese,
hin und her bewegt,

rufend zugleich und bange,
daß einer den Ruf vernimmt,
und zum Untergange
in einem Andern bestimmt.

DAS ROSEN-INNERE

Wo ist zu diesem Innen
ein Außen? Auf welches Weh
legt man solches Linnen?
Welche Himmel spiegeln sich drinnen
in dem Binnensee
dieser offenen Rosen,
dieser sorglosen, sieh:
wie sie lose im Losen
liegen, als könnte nie
eine zitternde Hand sie verschütten.
Sie können sich selber kaum
halten; viele ließen
sich überfüllen und fließen
über von Innenraum
in die Tage, die immer
voller und voller sich schließen,
bis der ganze Sommer ein Zimmer
wird, ein Zimmer in einem Traum.

DIE FLAMINGOS
Jardin des Plantes, Paris

In Spiegelbildern wie von Fragonard
ist doch von ihrem Weiß und ihrer Röte
nicht mehr gegeben, als dir einer böte,
wenn er von seiner Freundin sagt: sie war

noch sanft von Schlaf. Denn steigen sie ins Grüne
und stehn, auf rosa Stielen leicht gedreht,
beisammen, blühend, wie in einem Beet,
verführen sie verführender als Phryne

sich selber; bis sie ihres Auges Bleiche
hinhalsend bergen in der eignen Weiche,
in welcher Schwarz und Fruchtrot sich versteckt.

Auf einmal kreischt ein Neid durch die Volière;
sie aber haben sich erstaunt gestreckt
und schreiten einzeln ins Imaginäre.

PERSISCHES HELIOTROP

Es könnte sein, daß dir der Rose Lob
zu laut erscheint für deine Freundin: Nimm
das schön gestickte Kraut und überstimm
mit dringend flüsterndem Heliotrop

den Bülbül, der an ihren Lieblingsplätzen
sie schreiend preist und sie nicht kennt.
Denn sieh: wie süße Worte nachts in Sätzen
beisammenstehn ganz dicht, durch nichts getrennt,
aus der Vokale wachem Violett
hindüftend durch das stille Himmelbett –:

so schließen sich vor dem gesteppten Laube
deutliche Sterne zu der seidnen Traube
und mischen, daß sie fast davon verschwimmt,
die Stille mit Vanille und mit Zimmt.

SCHLAFLIED

Einmal wenn ich dich verlier,
wirst du schlafen können, ohne
daß ich wie eine Lindenkrone
mich verflüstre über dir?

Ohne daß ich hier wache und
Worte, beinah wie Augenlider,
auf deine Brüste, auf deine Glieder
niederlege, auf deinen Mund.

Ohne daß ich dich verschließ
und dich allein mit Deinem lasse
wie einen Garten mit einer Masse
von Melissen und Stern-Anis.

DER PAVILLON

Aber selbst noch durch die Flügeltüren
mit dem grünen regentrüben Glas
ist ein Spiegeln lächelnder Allüren
und ein Glanz von jenem Glück zu spüren,
das sich dort, wohin sie nicht mehr führen,
einst verbarg, verklärte und vergaß.

Aber selbst noch in den Stein-Guirlanden
über der nicht mehr berührten Tür
ist ein Hang zur Heimlichkeit vorhanden
und ein stilles Mitgefühl dafür —,

und sie schauern manchmal, wie gespiegelt,
wenn ein Wind sie schattig überlief;
auch das Wappen, wie auf einem Brief
viel zu glücklich, überstürzt gesiegelt,

redet noch. Wie wenig man verscheuchte:
alles weiß noch, weint noch, tut noch weh —.
Und im Fortgehn durch die tränenfeuchte
abgelegene Allee

fühlt man lang noch auf dem Rand des Dachs
jene Urnen stehen, kalt, zerspalten:
doch entschlossen, noch zusammzuhalten
um die Asche alter Achs.

DER BALL

Du Runder, der das Warme aus zwei Händen
im Fliegen, oben, fortgiebt, sorglos wie
sein Eigenes; was in den Gegenständen
nicht bleiben kann, zu unbeschwert für sie,

zu wenig Ding und doch noch Ding genug,
um nicht aus allem draußen Aufgereihten
unsichtbar plötzlich in uns einzugleiten:
das glitt in dich, du zwischen Fall und Flug

noch Unentschlossener: der, wenn er steigt,
als hätte er ihn mit hinaufgehoben,
den Wurf entführt und freiläßt –, und sich neigt
und einhält und den Spielenden von oben
auf einmal eine neue Stelle zeigt,
sie ordnend wie zu einer Tanzfigur,

um dann, erwartet und erwünscht von allen,
rasch, einfach, kunstlos, ganz Natur,
dem Becher hoher Hände zuzufallen.

DIE SIEBENTE ELEGIE

Werbung nicht mehr, nicht Werbung, entwachsene Stimme,
sei deines Schreies Natur; zwar schrieest du rein wie der Vogel,
wenn ihn die Jahreszeit aufhebt, die steigende, beinah
                                        vergessend,
daß er ein kümmerndes Tier und nicht nur ein einzelnes
                                        Herz sei,
das sie ins Heitere wirft, in die innigen Himmel. Wie er, so
würbest du wohl, nicht minder –, daß, noch unsichtbar,
dich die Freundin erführ, die stille, in der eine Antwort
langsam erwacht und über dem Hören sich anwärmt, –
deinem erkühnten Gefühl die erglühte Gefühlin.

O und der Frühling begriffe –, da ist keine Stelle,
die nicht trüge den Ton der Verkündigung. Erst jenen kleinen
fragenden Auflaut, den, mit steigernder Stille,
weithin umschweigt ein reiner bejahender Tag.
Dann die Stufen hinan, Ruf-Stufen hinan, zum geträumten
Tempel der Zukunft –; dann den Triller, Fontäne,
die zu dem drängenden Strahl schon das Fallen zuvornimmt
im versprechlichen Spiel . . . . Und vor sich, den Sommer.

Nicht nur die Morgen alle des Sommers –, nicht nur
wie sie sich wandeln in Tag und strahlen vor Anfang.
Nicht nur die Tage, die zart sind um Blumen, und oben,
um die gestalteten Bäume, stark und gewaltig.
Nicht nur die Andacht dieser entfalteten Kräfte,
nicht nur die Wege, nicht nur die Wiesen im Abend,
nicht nur, nach spätem Gewitter, das atmende Klarsein,

nicht nur der nahende Schlaf und ein Ahnen, abends...
sondern die Nächte! Sondern die hohen, des Sommers,
Nächte, sondern die Sterne, die Sterne der Erde.
O einst tot sein und sie wissen unendlich,
alle die Sterne: denn wie, wie, wie sie vergessen!

Siehe, da rief ich die Liebende. Aber nicht *sie* nur
käme... Es kämen aus schwächlichen Gräbern
Mädchen und ständen... Denn, wie beschränk ich,
wie, den gerufenen Ruf? Die Versunkenen suchen
immer noch Erde. – Ihr Kinder, ein hiesig
einmal ergriffenes Ding gälte für viele.
Glaubt nicht, Schicksal sei mehr, als das Dichte der Kindheit;
wie überholtet ihr oft den Geliebten, atmend,
atmend nach seligem Lauf, auf nichts zu, ins Freie.

Hiersein ist herrlich. Ihr wußtet es, Mädchen, *ihr* auch,
die ihr scheinbar entbehrtet, versankt –, ihr, in den ärgsten
Gassen der Städte, Schwärende, oder dem Abfall
Offene. Denn eine Stunde war jeder, vielleicht nicht
ganz eine Stunde, ein mit den Maßen der Zeit kaum
Meßliches zwischen zwei Weilen –, da sie ein Dasein
hatte. Alles. Die Adern voll Dasein.
Nur, wir vergessen so leicht, was der lachende Nachbar
uns nicht bestätigt oder beneidet. Sichtbar
wollen wirs heben, wo doch das sichtbarste Glück uns
erst zu erkennen sich giebt, wenn wir es innen verwandeln.

Nirgends, Geliebte, wird Welt sein, als innen. Unser
Leben geht hin mit Verwandlung. Und immer geringer
schwindet das Außen. Wo einmal ein dauerndes Haus war,
schlägt sich erdachtes Gebild vor, quer, zu Erdenklichem
völlig gehörig, als ständ es noch ganz im Gehirne.
Weite Speicher der Kraft schafft sich der Zeitgeist, gestaltlos
wie der spannende Drang, den er aus allem gewinnt.
Tempel kennt er nicht mehr. Diese, des Herzens,
                                                      Verschwendung
sparen wir heimlicher ein. Ja, wo noch eins übersteht,
ein einst gebetetes Ding, ein gedientes, gekrietes –,
hält es sich, so wie es ist, schon ins Unsichtbare hin.
Viele gewahrens nicht mehr, doch ohne den Vorteil,
daß sie's nun *innerlich* baun, mit Pfeilern und Statuen, größer!

Jede dumpfe Umkehr der Welt hat solche Enterbte,
denen das Frühere nicht und noch nicht das Nächste gehört.
Denn auch das Nächste ist weit für die Menschen. *Uns* soll
dies nicht verwirren; es stärke in uns die Bewahrung
der noch erkannten Gestalt. – Dies *stand* einmal unter
                                                      Menschen,
mitten im Schicksal stands, im vernichtenden, mitten
im Nichtwissen-Wohin stand es, wie seiend, und bog
Sterne zu sich aus gesicherten Himmeln. Engel,
dir noch zeig ich es, *da!*   in deinem Anschaun
steh es gerettet zuletzt, nun endlich aufrecht.
Säulen, Pylone, der Sphinx, das strebende Stemmen,
grau aus vergehender Stadt oder aus fremder, des Doms.

War es nicht Wunder? O staune, Engel, denn *wir* sinds,
wir, o du Großer, erzähls, daß wir solches vermochten,
                              mein Atem
reicht für die Rühmung nicht aus. So haben wir dennoch
nicht die Räume versäumt, diese gewährenden, diese
unseren Räume. (Was müssen sie fürchterlich groß sein,
da sie Jahrtausende nicht unseres Fühlns überfülln.)
Aber ein Turm war groß, nicht wahr? O Engel, er war es, –
groß, auch noch neben dir? Chartres war groß –, und Musik
reichte noch weiter hinan und überstieg uns. Doch selbst nur
eine Liebende –, oh, allein am nächtlichen Fenster . . . .
reichte sie dir nicht ans Knie –? Glaub *nicht*, daß ich werbe.
Engel, und würb ich dich auch! Du kommst nicht. Denn mein
Anruf ist immer voll Hinweg; wider so starke
Strömung kannst du nicht schreiten. Wie ein gestreckter
Arm ist mein Rufen. Und seine zum Greifen
oben offene Hand bleibt vor dir
offen, wie Abwehr und Warnung,
Unfaßlicher, weitauf.

UND fast ein Mädchen wars und ging hervor
aus diesem einigen Glück von Sang und Leier
und glänzte klar durch ihre Frühlingsschleier
und machte sich ein Bett in meinem Ohr.

Und schlief in mir. Und alles war ihr Schlaf.
Die Bäume, die ich je bewundert, diese
fühlbare Ferne, die gefühlte Wiese
und jedes Staunen, das mich selbst betraf.

Sie schlief die Welt. Singender Gott, wie hast
du sie vollendet, daß sie nicht begehrte,
erst wach zu sein? Sieh, sie erstand und schlief.

Wo ist ihr Tod? O, wirst du dies Motiv
erfinden noch, eh sich dein Lied verzehrte? –
Wo sinkt sie hin aus mir? ... Ein Mädchen fast ....

O IHR Zärtlichen, tretet zuweilen
in den Atem, der euch nicht meint,
laßt ihn an eueren Wangen sich teilen,
hinter euch zittert er, wieder vereint.

O ihr Seligen, o ihr Heilen,
die ihr der Anfang der Herzen scheint.
Bogen der Pfeile und Ziele von Pfeilen,
ewiger glänzt euer Lächeln verweint.

Fürchtet euch nicht zu leiden, die Schwere,
gebt sie zurück an der Erde Gewicht;
schwer sind die Berge, schwer sind die Meere.

Selbst die als Kinder ihr pflanztet, die Bäume,
wurden zu schwer längst; ihr trüget sie nicht.
Aber die Lüfte ... aber die Räume ....

WANDELT sich rasch auch die Welt
wie Wolkengestalten,
alles Vollendete fällt
heim zum Uralten.

Über dem Wandel und Gang,
weiter und freier,
währt noch dein Vor-Gesang,
Gott mit der Leier.

Nicht sind die Leiden erkannt,
nicht ist die Liebe gelernt,
und was im Tod uns entfernt,

ist nicht entschleiert.
Einzig das Lied überm Land
heiligt und feiert.

FRÜHLING ist wiedergekommen. Die Erde
ist wie ein Kind, das Gedichte weiß;
viele, o viele.... Für die Beschwerde
langen Lernens bekommt sie den Preis.

Streng war ihr Lehrer. Wir mochten das Weiße
an dem Barte des alten Manns.
Nun, wie das Grüne, das Blaue heiße,
dürfen wir fragen: sie kanns, sie kanns!

Erde, die frei hat, du glückliche, spiele
nun mit den Kindern. Wir wollen dich fangen,
fröhliche Erde. Dem Frohsten gelingts.

O, was der Lehrer sie lehrte, das Viele,
und was gedruckt steht in Wurzeln und langen
schwierigen Stämmen: sie singts, sie singts!

DU aber, Göttlicher, du, bis zuletzt noch Ertöner,
da ihn der Schwarm der verschmähten Mänaden befiel,
hast ihr Geschrei übertönt mit Ordnung, du Schöner,
aus den Zerstörenden stieg dein erbauendes Spiel.

Keine war da, daß sie Haupt dir und Leier zerstör.
Wie sie auch rangen und rasten, und alle die scharfen
Steine, die sie nach deinem Herzen warfen,
wurden zu Sanftem an dir und begabt mit Gehör.

Schließlich zerschlugen sie dich, von der Rache gehetzt,
während dein Klang noch in Löwen und Felsen verweilte
und in den Bäumen und Vögeln. Dort singst du noch jetzt.

O du verlorener Gott! Du unendliche Spur!
Nur weil dich reißend zuletzt die Feindschaft verteilte,
sind wir die Hörenden jetzt und ein Mund der Natur.

SPIEGEL: noch nie hat man wissend beschrieben,
was ihr in euerem Wesen seid.
Ihr, wie mit lauter Löchern von Sieben
erfüllten Zwischenräume der Zeit.

Ihr, noch des leeren Saales Verschwender –,
wenn es dämmert, wie Wälder weit ...
Und der Lüster geht wie ein Sechzehn-Ender
durch eure Unbetretbarkeit.

Manchmal seid ihr voll Malerei.
Einige scheinen *in* euch gegangen –,
andere schicktet ihr scheu vorbei.

Aber die Schönste wird bleiben –, bis
drüben in ihre enthaltenen Wangen
eindrang der klare gelöste Narziß.

RÜHMT euch, ihr Richtenden, nicht der entbehrlichen Folter
und daß das Eisen nicht länger an Hälsen sperrt.
Keins ist gesteigert, kein Herz —, weil ein gewollter
Krampf der Milde euch zarter verzerrt.

Was es durch Zeiten bekam, das schenkt das Schafott
wieder zurück, wie Kinder ihr Spielzeug vom vorig
alten Geburtstag. Ins reine, ins hohe, ins thorig
offene Herz träte er anders, der Gott

wirklicher Milde. Er käme gewaltig und griffe
strahlender um sich, wie Göttliche sind.
Mehr als ein Wind für die großen gesicherten Schiffe.

Weniger nicht, als die heimliche leise Gewahrung,
die uns im Innern schweigend gewinnt
wie ein still spielendes Kind aus unendlicher Paarung.

ICH möchte dir ein Liebes schenken,
das dich mir zur Vertrauten macht:
aus meinem Tag ein Deingedenken
und einen Traum aus meiner Nacht.

Mir ist, daß wir uns selig fänden
und daß du dann wie ein Geschmeid
mir löstest aus den müden Händen
die niebegehrte Zärtlichkeit.

MEIN Leben ist wie leise See:
Wohnt in den Uferhäusern das Weh,
wagt sich nicht aus den Höfen.
Nur manchmal zittert ein Nahn und Fliehn:
aufgestörte Wünsche ziehn
darüber wie silberne Möven.

Und dann ist alles wieder still ...
Und weißt du was mein Leben will,
hast du es schon verstanden?
Wie eine Welle im Morgenmeer
will es, rauschend und muschelschwer,
an deiner Seele landen.

ICH geh dir nach, wie aus der dumpfen Zelle
ein Halbgeheilter schreitet: in der Helle
mit hellen Händen winkt ihm der Jasmin.
Ein Atemholen hebt ihn von der Schwelle, –
er tastet vorwärts: Welle schlägt um Welle
der großbewegte Frühling über ihn.

Ich geh dir nach in tiefem Dirvertrauen.
Ich weiß deine Gestalt durch diese Auen
vor meinen ausgestreckten Händen gehn.
Ich geh dir nach, wie aus des Fiebers Grauen
erschreckte Kinder gehn zu lichten Frauen,
die sie besänftigen und Furcht verstehn.

Ich geh dir nach. Wohin dein Herz mich führe
frag ich nicht nach. Ich folge dir und spüre
wie alle Blumen deines Kleides Saum . .

Ich geh dir nach auch durch die letzte Türe,
ich folge dir auch aus dem letzten Traum . . .

DAS Land ist licht und dunkel ist die Laube,
und du sprichst leise und ein Wunder naht.
Und jedes deiner Worte stellt mein Glaube
als Betbild auf an meinen stillen Pfad.

Ich liebe dich. Du liegst im Gartenstuhle,
und deine Hände schlafen weiß im Schooß.
Mein Leben ruht wie eine Silberspule
in ihrer Macht. Lös meinen Faden los.

EINMAL, am Rande des Hains,
stehn wir einsam beisammen
und sind festlich, wie Flammen –
fühlen: *Alles ist Eins.*

Halten uns fest umfaßt;
werden im lauschenden Lande
durch die weichen Gewande
wachsen wie Ast an Ast.

Wiegt ein erwachender Hauch
die Dolden des Oleanders:
sieh, wir sind nicht mehr anders,
und wir wiegen uns auch.

Meine Seele spürt,
daß wir am Tore tasten.
Und sie fragt dich im Rasten:
Hast Du mich hergeführt?

Und du lächelst darauf
so herrlich und heiter
und: bald wandern wir weiter:
Tore gehn auf . .

Und wir sind nichtmehr zag,
unser Weg wird kein Weh sein,
wird eine lange Allee sein
aus dem vergangenen Tag.

FRAGST du mich: Was war in deinen Träumen,
ehe ich dir meinen Mai gebracht?
War ein Wald. Der Sturm war in den Bäumen
und auf allen Wegen kam die Nacht.

Waren Burgen die in Feuer standen,
waren Männer, die das Schlachtschwert schlugen,
waren Frauen, die in Wehgewanden
Kleinod weinend aus den Toren trugen.

Kinder waren, die an Quellen saßen,
und der Abend kam und sang für sie,
sang solang, bis sie das Heim vergaßen
über seiner süßen Melodie.

.... UND dein Haar, das niederglitt,
nimm es doch dem fremden Winde, –
an die nahe Birke binde
einen kußlang uns damit.

Dann: zu unseren Gelenken
wird kein eigner Wille gehn.
Das, wovon die Zweige schwenken
das, woran die Wälder denken
wird uns auf und nieder wehn.

Näher an das Absichtslose
sehnen wir uns menschlich hin;
laß uns lernen von der Rose
was du bist und was ich bin ...

WAREN Schritte in dem Heiligtume?
Kannst du näher kommen? Bist du nicht
in dein Bild gebunden, wie die Blume,
die nur kommen kann, wenn man sie bricht.

O dann komm bis an die Türe innen
wenn du auch zu öffnen nicht vermagst,
und ich will mein Herz von vorn beginnen
und nichts andres sein als was du sagst.

Denk wir haben es ja schon so schwer,
dich zu fühlen ohne dich zu schauen.
Uns verwirrten alle diese Frauen
die wir liebten, ohne daß sie mehr

als ein Kommen und Vorüberschreiten
uns gewährten. Sag, wer waren sie?
Warum bleibt uns keine je zuseiten
und wo gehn sie alle hin, Marie?

EIN junges Mädchen: das ist wie ein Stern:
die ganze Erde dunkelt ihm entgegen
und ist ihm aufgetan wie einem Regen,
und niemals trank sie einen seligern.

Ein junges Mädchen: das ist wie ein Schatz,
vergraben neben einer alten Linde;
da sollen Ringe sein und Goldgewinde,
doch keiner ist erwählt, daß er sie finde:
nur eine Sage geht und sagt den Platz.

Ein junges Mädchen: daß wir's niemals sind.
So wenig hat das Sein zu uns Vertrauen.
Am Anfang scheinen wir fast gleich, als Kind,
und später sind wir manchmal beinah Frauen
für einen Augenblick; doch wie verrinnt
das fern von uns, was Mädchen sind und schauen.

Mädchen gewesen sein: daß es das giebt.
Als sagte Eine: einmal war ich dies
und zeigte dir ein Halsband von Türkis
auf welkem Sammte; und man sieht noch, wie's
getragen war, verloren und geliebt.

DIE LIEBENDEN

Sieh, wie sie zu einander erwachsen:
in ihren Adern wird alles Geist.
Ihre Gestalten beben wie Achsen,
um die es heiß und hinreißend kreist.
Dürstende, und sie bekommen zu trinken,
Wache und sieh: sie bekommen zu sehn.
Laß sie ineinander sinken,
um einander zu überstehn.

GEBET FÜR DIE IRREN UND STRÄFLINGE

Ihr, von denen das Sein
leise sein großes Gesicht
wegwandte: ein
vielleicht Seiender spricht

draußen in der Freiheit
langsam bei Nacht ein Gebet:
daß euch die Zeit vergeht;
denn ihr habt Zeit.

Wenn es euch jetzt gedenkt,
greift euch zärtlich durchs Haar:
alles ist weggeschenkt,
alles was war.

O daß ihr stille bliebt,
wenn euch das Herz verjährt;
daß keine Mutter erfährt,
daß es das giebt.

Oben hob sich der Mond,
wo sich die Zweige entzwein,
und wie von euch bewohnt
bleibt er allein.

[LIED]

Du, der ichs nicht sage, daß ich bei Nacht
weinend liege,
deren Wesen mich müde macht
wie eine Wiege.
Du, die mir nicht sagt, wenn sie wacht
meinetwillen:
wie, wenn wir diese Pracht
ohne zu stillen
in uns ertrügen?

— — — — — —

Sieh dir die Liebenden an,
wenn erst das Bekennen begann,
wie bald sie lügen.

— — — — — —

Du machst mich allein. Dich einzig kann ich vertauschen.
Eine Weile bist dus, dann wieder ist es das Rauschen,
oder es ist ein Duft ohne Rest.
Ach, in den Armen hab ich sie alle verloren,
du nur, du wirst immer wieder geboren:
weil ich niemals dich anhielt, halt ich dich fest.

[Aus den *Aufzeichnungen des Malte Laurids Brigge*]

[AN LOU ANDREAS-SALOMÉ]

I

Ich hielt mich überoffen, ich vergaß,
daß draußen nicht nur Dinge sind und voll
in sich gewohnte Tiere, deren Aug
aus ihres Lebens Rundung anders nicht
hinausreicht als ein eingerahmtes Bild;
daß ich in mich mit allem immerfort
Blicke hineinriß: Blicke, Meinung, Neugier.

Wer weiß, es bilden Augen sich im Raum
und wohnen bei. Ach nur zu dir gestürzt,
ist mein Gesicht nicht ausgestellt, verwächst
in dich und setzt sich dunkel
unendlich fort in dein geschütztes Herz.

II

Wie man ein Tuch vor angehäuften Atem,
nein: wie man es an eine Wunde preßt,
aus der das Leben ganz, in einem Zug,
hinauswill, hielt ich dich an mich: ich sah,
du wurdest rot von mir. Wer spricht es aus,
was uns geschah? Wir holten jedes nach,
wozu die Zeit nie war. Ich reifte seltsam
in jedem Antrieb übersprungner Jugend,
und du, Geliebte, hattest irgendeine
wildeste Kindheit über meinem Herzen.

III

Entsinnen ist da nicht genug, es muß
von jenen Augenblicken pures Dasein
auf meinem Grunde sein, ein Niederschlag
der unermeßlich überfüllten Lösung.
Denn ich *gedenke* nicht, das, was ich *bin*
rührt mich um deinetwillen. Ich erfinde
dich nicht an traurig ausgekühlten Stellen,
von wo du wegkamst; selbst, daß du nicht da bist,
ist warm von dir und wirklicher und mehr
als ein Entbehren. Sehnsucht geht zu oft
ins Ungenaue. Warum soll ich mich
auswerfen, während mir vielleicht dein Einfluß
leicht ist, wie Mondschein einem Platz am Fenster.

PERLEN entrollen. Weh, riß eine der Schnüre?
Aber was hülf es, reih ich sie wieder: du fehlst mir,
starke Schließe, die sie verhielte, Geliebte.

War es nicht Zeit? Wie der Vormorgen den Aufgang,
wart ich dich an, blaß von geleisteter Nacht;
wie ein volles Theater, bild ich ein großes Gesicht,
daß deines hohen mittleren Auftritts
nichts mir entginge. O wie ein Golf hofft ins Offne
und vom gestreckten Leuchtturm
scheinende Räume wirft; wie ein Flußbett der Wüste,
daß es vom reinen Gebirg bestürze, noch himmlisch,
                                          der Regen, –
wie der Gefangne, aufrecht, die Antwort des einen
Sternes ersehnt, herein in sein schuldloses Fenster;
wie einer die warmen
Krücken sich wegreißt, daß man sie hin an den Altar
hänge, und daliegt und ohne Wunder nicht aufkann:
siehe, so wälz ich, wenn du nicht kommst, mich zu Ende.

Dich nur begehr ich. Muß nicht die Spalte im Pflaster,
wenn sie, armsälig, Grasdrang verspürt: muß sie den
                                          ganzen
Frühling nicht wollen? Siehe, den Frühling der Erde.
Braucht nicht der Mond, damit sich sein Abbild im
                                          Dorfteich
fände, des fremden Gestirns große Erscheinung? Wie kann
das Geringste geschehn, wenn nicht die Fülle der Zukunft,
alle vollzählige Zeit, sich uns entgegenbewegt?

Bist du nicht endlich in ihr, Unsägliche? Noch eine Weile,
und ich besteh dich nicht mehr. Ich altere oder dahin
bin ich von Kindern verdrängt . . .

.....
KOMM wann du sollst. Dies alles wird durch mich
hindurchgegangen sein zu deinem Atem.
Ich habs, um deinetwillen, namenlos
lang angesehen mit dem Blick der Armut
und so geliebt als tränkst du es schon ein.

Und doch: bedenk ichs, daß ich dieses, mich,
Gestirne, Blumen und den schönen Wurf
der Vögel aus nachwinkendem Gesträuch,
der Wolken Hochmut und was nachts der Wind
mir antun konnte, mich aus einem Wesen
hinüberwandelnd in ein nächstes, – daß
ich eines nach dem andern, denn ich bins,
bin was der Tränke Rauschen mir im Ohr
zurückließ, bin der Wohlgeschmack, den einst
die schöne Frucht an meinen Lippen ausgab, –
daß ich dies alles, wenn du einmal da bist,
bis rückwärts zu des Kindes niederm Anblick
in Blumenkelche, da die Wiesen hochstehn,
ja bis zu einem Lächeln meiner Mutter
das ich vielleicht, gedrängt von deinem Dasein,
annehme wie Entwendetes –, daß ich
dann unerschöpflich Tag und Nacht soviel
entbehrend angeeignete Natur
hingeben sollte –, wissend nicht, ob das
was in dir aufglüht Meines ist: vielleicht
wirst du nur schöner, ganz aus eigner Schönheit
vom Überfluß der Ruh in deinen Gliedern,
vom Süßesten in deinem Blut, was weiß ich,
weil du dich selbst in deiner Hand erkennst,
weil dir das Haar an deinen Schultern schmeichelt,

weil irgendetwas in der dunkeln Luft
sich dir verständigt, weil du mich vergißt,
weil du nicht hinhörst, weil du eine Frau bist:
wenn ichs bedenke, wie ich Zärtlichkeit
getaucht ins Blut, ins nie von mir erschreckte
lautlose Herzblut so geliebter Dinge

. . . .

. . . .

ÜBERFLIESSENDE Himmel verschwendeter Sterne
prachten über der Kümmernis. Statt in die Kissen,
weine hinauf. Hier, an dem weinenden schon,
an dem endenden Antlitz,
um sich greifend, beginnt der hin-
reißende Weltraum. Wer unterbricht,
wenn du dort hin drängst,
die Strömung? Keiner. Es sei denn,
daß du plötzlich ringst mit der gewaltigen Richtung
jener Gestirne nach dir. Atme.
Atme das Dunkel der Erde und wieder
aufschau! Wieder. Leicht und gesichtlos
lehnt sich von oben Tiefe dir an. Das gelöste
nachtenthaltne Gesicht giebt dem deinigen Raum.

NICHT, wie du ihn nennst, wird
er dem Herzen gewaltig.
Liebende: wie du dich rührst
bildest du dringend ihn aus.

*

EINMAL nahm ich zwischen meine Hände
dein Gesicht. Der Mond fiel darauf ein.
Unbegreiflichster der Gegenstände
unter überfließendem Gewein.

Wie ein williges, das still besteht,
beinah war es wie ein Ding zu halten.
Und doch war kein Wesen in der kalten
Nacht, das mir unendlicher entgeht.

O da strömen wir zu diesen Stellen,
drängen in die kleine Oberfläche
alle Wellen unsres Herzens,
Lust und Schwäche,
und wem halten wir sie schließlich hin?

Ach dem Fremden, der uns mißverstanden,
ach dem andern, den wir niemals fanden,
denen Knechten, die uns banden,
Frühlingswinden, die damit entschwanden,
und der Stille, der Verliererin.

DU im Voraus
verlorne Geliebte, Nimmergekommene,
nicht weiß ich, welche Töne dir lieb sind.
Nicht mehr versuch ich, dich, wenn das Kommende wogt,
zu erkennen. Alle die großen
Bilder in mir, im Fernen erfahrene Landschaft,
Städte und Türme und Brücken und un-
vermutete Wendung der Wege
und das Gewaltige jener von Göttern
einst durchwachsenen Länder:
steigt zur Bedeutung in mir
deiner, Entgehende, an.

Ach, die Gärten bist du,
ach, ich sah sie mit solcher
Hoffnung. Ein offenes Fenster
im Landhaus –, und du tratest beinahe
mir nachdenklich heran. Gassen fand ich, –
du warst sie gerade gegangen,
und die Spiegel manchmal der Läden der Händler
waren noch schwindlich von dir und gaben erschrocken
mein zu plötzliches Bild. – Wer weiß, ob derselbe
Vogel nicht hinklang durch uns
gestern, einzeln, im Abend?

FLUTET mir in diese trübe Reise
Deines Herzens warme Bahn entgegen?
Nur noch Stunden und ich werde leise
meine Hände in die Deinen legen:
o wie lange ruhten sie nicht aus.
Kannst Du Dir denn denken, daß ich Jahre
so: ein Fremder unter Fremden fahre?
Und nun endlich nimmst Du mich nach Haus.

Siehst du, selbst um das Gestirn zu schauen,
brauchts ein kleines irdisches Beruhn,
denn Vertrauen kommt nur aus Vertrauen,
Alles Wohltun ist ein *Wieder*tun.
Ach die Nacht verlangte nichts von mir.
Doch wenn ich mich zu den Sternen kehrte,
der Versehrte an das Unversehrte:
Worauf stand ich? War ich hier?

Ach wie Wind durchging ich die Gesträuche,
jedem Haus entdrang ich wie ein Rauch,
wo sich andre freuten in Gebräuche
blieb ich strenge wie ein fremder Brauch.
Meine Hände gingen schreckhaft ein
in der andern schicksalvolle Schließung;
Alle, alle *mehrte* die Ergießung:
und ich konnte nur *vergossen* sein

OH wie fühl ich still zu dir hinüber,
oh wie gehen mir von deinem Bild
steigende Gefühle flutend über.
Ungeheuer ist mein Herz gewillt.

In dem Raume, den ich in mich schaute
aus dem Weltraum und dem Wind am Meer,
gehst du, unbegreifliche Vertraute,
wie sein eigenstes Geschöpf umher.

Nun erst schließ ich, ach nach wieviel Zeiten
meine Augen über mir; nun mag
keine Sehnsucht mehr mich überschreiten;
denn vollendeter wird Nacht und Tag.

Schau ich aber leise auf, so heilt
mir die Welt am milderen Gesichte –,
oh so war ja doch: daß ich verzichte,
allen Engeln noch nicht mitgeteilt.

OH wie schälst du mein Herz aus den Schalen des Elends.
Was verriet dir im schlechten Gehäus den erhaltenen Kern?
Der süß wie Gestirn, weltsüß, mir im Inneren ansteht.
Ach, da ich litt, befiel ihn ein schläferndes Wachstum,
da mir das Leiden schweigend die Glieder zerbrach
schlief mir im Herzen ein Herz, ein künftiges, schuldlos.
Eines, oh sieh: noch weiß ich nicht welches, noch rat ichs,
dieses vermutete Herz. Ihm galten die Sterne
die ich dem trüberen gab. Oh sei ihm hinüber
durch meine bange Natur. Sei ihm verständigt. Erkenns.
Rufs. Du Erstaunende, rufs. Stell ihm ein kleines
Lächeln zunächst, daß es sich rührt von dem Schein;
neig ihm dein schönes Gesicht: den Raum des Erwachens
daß es sich wundert in Dir und sich des Morgens gewöhnt.

*

DICH zu fühlen bin ich aus den leichten
Kreisen meiner Fühlungen gestiegen
und jetzt soll mich täglich im Erreichten
Trauer großer Nähe überwiegen,
dieses hülflos menschliche Gewicht.

HEUTE will ich dir zu Liebe Rosen
fühlen, Rosen fühlen dir zu Liebe,
dir zu Liebe heute lange lange
nicht gefühlte Rosen fühlen: Rosen.

Alle Schalen sind gefüllt; sie liegen
in sich selber, jede hundert Male, –
wie von Talen angefüllte Tale
liegen sie in sich und überwiegen.

So unsäglich wie die Nacht
überwiegen sie den Hingegebnen,
wie die Sterne über Ebnen
überstürzen sie mit Pracht.
Rosennacht, Rosennacht.

Nacht aus Rosen, Nacht aus vielen vielen
hellen Rosen, helle Nacht aus Rosen,
Schlaf der tausend Rosenaugenlider:
heller Rosen-Schlaf, ich bin dein Schläfer.

Heller Schläfer deiner Düfte; tiefer
Schläfer deiner kühlen Innigkeiten.
Wie ich mich dir schwindend überliefer
hast du jetzt mein Wesen zu bestreiten;

sei mein Schicksal aufgelöst
in das unbegreifliche Beruhen,
und der Trieb, sich aufzutuen,
wirke, der sich nirgends stößt.

Rosentraum, geboren in den Rosen,
in den Rosen heimlich auferzogen,
und aus offnen Rosen zugegeben
groß wie Herzraum: daß wir auch nach draußen
fühlen dürfen in dem Raum der Rosen.

IMMER wieder, ob wir der Liebe Landschaft auch kennen
und den kleinen Kirchhof mit seinen klagenden Namen
und die furchtbar verschweigende Schlucht, in welcher
            die andern
enden: immer wieder gehn wir zu zweien hinaus
unter die alten Bäume, lagern uns immer wieder
zwischen die Blumen, gegenüber dem Himmel.

LIEBESANFANG

O Lächeln, erstes Lächeln, unser Lächeln.
Wie war das Eines: Duft der Linden atmen,
Parkstille hören –, plötzlich in einander
aufschaun und staunen bis heran ans Lächeln.

In diesem Lächeln war Erinnerung
an einen Hasen, der da eben drüben
im Rasen spielte; dieses war die Kindheit
des Lächelns. Ernster schon war ihm des Schwanes
Bewegung eingegeben, den wir später
den Weiher teilen sahen in zwei Hälften
lautlosen Abends. – Und der Wipfel Ränder
gegen den reinen, freien, ganz schon künftig
nächtigen Himmel hatten diesem Lächeln
Ränder gezogen gegen die entzückte
Zukunft im Antlitz.

GRAUE Liebesschlangen hab ich aus deinen
Achselhöhlen gescheucht. Wie auf heißen Steinen
liegen sie jetzt auf mir und verdauen
Lust-Klumpen

*

AN DIE MUSIK

Musik: Atem der Statuen. Vielleicht:
Stille der Bilder. Du Sprache wo Sprachen
enden. Du Zeit,
die senkrecht steht auf der Richtung vergehender Herzen.

Gefühle zu wem? O du der Gefühle
Wandlung in was? –: in hörbare Landschaft.
Du Fremde: Musik. Du uns entwachsener
Herzraum. Innigstes unser,
das, uns übersteigend, hinausdrängt, –
heiliger Abschied:
da uns das Innre umsteht
als geübteste Ferne, als andre
Seite der Luft:
rein,
riesig,
nicht mehr bewohnbar.

WIE waren sie verwirrt, die jungen Büglerinnen
wenn ich vorüber kam, den Weg zu dir,
zwar wars die Gasse, doch mein Weg war innen
und wie in Innres schauten alle vier.

Ach Alle, die mich sahn, wenn ich zu dir ging, glaube,
sie leben noch davon, von meinem Blick, der schien,
vom Wind in meinem Gehn, von meinem Blütenstaube,
der in ihr Staunen trieb –, sie faßten ihn.

WUNDERLICHES Wort: die Zeit vertreiben!
Sie zu *halten*, wäre das Problem.
Denn, wen ängstigts nicht: wo ist ein Bleiben,
wo ein endlich *Sein* in alledem? –

Sieh, der Tag verlangsamt sich, entgegen
jenem Raum, der ihn nach Abend nimmt:
Aufstehn wurde Stehn, und Stehn wird Legen,
und das willig Liegende verschwimmt –

Berge ruhn, von Sternen überprächtigt; –
aber auch in ihnen flimmert Zeit.
Ach, in meinem wilden Herzen nächtigt
obdachlos die Unvergänglichkeit.

DU, die ich zeitig schon begann zu feiern,
erriet ich dich und lobte ich dich gut?
Du Heilige, du bliebst in deinen Schleiern
und nur von deinen Schleiern sang mein Blut.

Zwar ward mir immer wieder zum Vergleiche
ein lieblich mich Erfüllendes gesandt,
doch immer war, daß sie dich nicht erreiche,
das Letzte, was die Freundin mir gestand.

O stolze Schwermut meiner Liebeszeiten!
Dies ist dein Name. Ob er dir entspricht?
Wie einen Spiegel hob ich oft vom Weiten
ihn dir entgegen, – doch ich rief ihn nicht.

GEGEN-STROPHEN

Oh, daß ihr hier, Frauen, einhergeht,
hier unter uns, leidvoll,
nicht geschonter als wir und dennoch imstande,
selig zu machen wie Selige.

Woher,
wenn der Geliebte erscheint,
nehmt ihr die Zukunft?
Mehr, als je sein wird.
Wer die Entfernungen weiß
bis zum äußersten Fixstern,
staunt, wenn er diesen gewahrt,
euern herrlichen Herzraum.
Wie, im Gedräng, spart ihr ihn aus?
Ihr, voll Quellen und Nacht.

Seid ihr wirklich die gleichen,
die, da ihr Kind wart,
unwirsch im Schulgang
anstieß der ältere Bruder?
Ihr Heilen.

   Wo wir als Kinder uns schon
    häßlich für immer verzerrn,
     wart ihr wie Brot vor der Wandlung.

Abbruch der Kindheit
war euch nicht Schaden. Auf einmal
standet ihr da, wie im Gott
plötzlich zum Wunder ergänzt.

    Wir, wie gebrochen vom Berg,
oft schon als Knaben scharf
an den Rändern, vielleicht
manchmal glücklich behaun;
wir, wie Stücke Gesteins,
über Blumen gestürzt.

Blumen des tieferen Erdreichs,
von allen Wurzeln geliebte,
ihr, der Eurydike Schwestern,
immer voll heiliger Umkehr
hinter dem steigenden Mann.

   Wir, von uns selber gekränkt,
Kränkende gern und gern
Wiedergekränkte aus Not.
Wir, wie Waffen, dem Zorn
neben den Schlaf gelegt.

Ihr, die ihr beinah Schutz seid, wo niemand
schützt. Wie ein schattiger Schlafbaum
ist der Gedanke an euch
für die Schwärme des Einsamen.

WIR, in den ringenden Nächten,
wir fallen von Nähe zu Nähe;
und wo die Liebende taut,
sind wir ein stürzender Stein.

*

TRÄNENKRÜGLEIN

Andere fassen den Wein, andere fassen die Öle
in dem gehöhlten Gewölb, das ihre Wandung umschrieb.
Ich, als ein kleineres Maß, und als schlankestes, höhle
mich einem andern Bedarf, stürzenden Tränen zulieb.

Wein wird reicher, und Öl klärt sich noch weiter im Kruge.
Was mit den Tränen geschieht? – Sie machten mich schwer,
machten mich blinder und machten mich schillern am Buge,
machten mich brüchig zuletzt und machten mich leer.

DAS FÜLLHORN
Geschrieben für Hugo von Hofmannsthal

Schwung und Form des gebendsten Gefäßes,
an der Göttin Schulter angelehnt;
unsrer Fassung immer ungemäßes,
doch von unsrem Sehnen ausgedehnt –:

in der Tiefe seiner Windung faßt es
aller Reife die Gestalt und Wucht,
und das Herz des allerreinsten Gastes
wäre Form dem Ausguß solcher Frucht.

Obenauf der Blüten leichte Schenkung,
noch von ihrer ersten Frühe kühl,
alle kaum beweisbar, wie Erdenkung,
und vorhanden, wie Gefühl...

Soll die Göttin ihren Vorrat schütten
auf die Herzen, die er überfüllt,
auf die vielen Häuser, auf die Hütten,
auf die Wege, wo das Wandern gült?

Nein, sie steht in Überlebensgröße
hoch, mit ihrem Horn voll Übermaß.
Nur das Wasser unten geht, als flöße
es ihr Geben in Gewächs und Gras.

ALLES ist mir lieb, die Sommersprossen
und die Spange, die den Ärmel schloß;
oh wie unerhört und unverflossen
blieb die Süßigkeit, drin nichts verdroß.

Taumelnd stand ich, in mir hingerissen
von des eignen Herzens Überfluß,
in den kleinen Fingern, halbzerbissen,
eine Blüte des Konvolvulus. –

Oh wie will das Leben übersteigern,
was es damals, schon erblüht, beging,
als es von dem eigenen Verweigern
wie von Gartenmauern niederhing.

DASS ich die Früchte beschrieb,
kams vielleicht durch dein Bücken
zum Erdbeerbeet;
und wenn keine Blume in mir vergeht,
ist es vielleicht, weil Freude dich trieb,
eine zu pflücken?

Ich weiß, wie du liefst,
und plötzlich, du Atemlose,
warst du wartend mir zugewandt.
Ich saß bei dir, da du schliefst;
deine linke Hand
lag wie eine Rose.

EINMAL kam die Frau, die reiche, reife
die zerstreut den Jüngling unterwies,
wenn er störend, noch mit Knabensteife,
an die blumige Geliebte stieß.

Dann erschienen reizende Gestalten,
traten ins gesteigerte Bereich
wo sich Menschen aneinanderhalten
zum vergöttlichten Vergleich.

Kann es sein daß er, wenn er sie lobte
aus ursprünglicher Natur
jene nie Erfahrene erprobte
an den Seligen, die er erfuhr?

WILDER ROSENBUSCH

Wie steht er da vor den Verdunkelungen
des Regenabends, jung und rein;
in seinen Ranken schenkend ausgeschwungen
und doch versunken in sein Rose-sein;

die flachen Blüten, da und dort schon offen,
jegliche ungewollt und ungepflegt:
so, von sich selbst unendlich übertroffen
und unbeschreiblich aus sich selbst erregt,

ruft er dem Wandrer, der in abendlicher
Nachdenklichkeit den Weg vorüberkommt:
Oh sieh mich stehn, sieh her, was bin ich sicher
und unbeschützt und habe was mir frommt.

NOCH fast gleichgültig ist dieses Mit-dir-sein ...
Doch über ein Jahr schon, Erwachsenere, kann es vielleicht
                              dem Einen,
der dich gewahrt, unendlich bedeuten:
Mit dir sein!

Ist Zeit nichts? Auf einmal kommt doch durch sie
dein Wunder. Daß diese Arme,
gestern dir selber fast lästig, einem,
den du nicht kennst, plötzlich Heimat
versprechen, die er nicht kannte. Heimat und Zukunft

Daß er zu ihnen, wie nach Sankt-Jago di Compostella,
den härtesten Weg gehen will, lange,
alles verlassend. Daß ihn die Richtung
zu dir ergreift. Allein schon die Richtung
scheint ihm das Meiste. Er wagt kaum,
jemals ein Herz zu enthalten, das ankommt.

Gewölbter auf einmal, verdrängt deine heitere Brust
ein wenig mehr Mailuft: dies wird sein Atem sein,
dieses Verdrängte, das nach dir duftet.

AN der sonngewohnten Straße, in dem
hohlen halben Baumstamm, der seit lange
Trog ward, eine Oberfläche Wasser
in sich leis erneuernd, still' ich meinen
Durst: des Wassers Heiterkeit und Herkunft
in mich nehmend durch die Handgelenke.
Trinken schiene mir zu viel, zu deutlich;
aber diese wartende Gebärde
holt mir helles Wasser ins Bewußtsein.

Also, kämst du, braucht ich, mich zu stillen,
nur ein leichtes Anruhn meiner Hände,
sei's an deiner Schulter junge Rundung,
sei es an den Andrang deiner Brüste.

WARST Du's, die ich im starken Traum umfing
und an mich hielt – und der ich mit dem Munde
ablöste von der linken Brust ein Ding,
ein braunes Glasaug wie von einem Hunde,
womit die Kinder spielen ..., oder Reh,
wie es als Spielzeug dient? – Ich nahm es mir
erschrocken von den Lippen. Und ich seh,
wie ich Dir's zeige und es dann verlier.
Du aber, die das alles nicht erschreckte,
hobst Dein Gesicht, als sagte das genug.
Und es schien schauender, seit die entdeckte
geküßte Brust das Auge nicht mehr trug.

OH erhöhe mich nicht!
Wer weiß, ob ich rag.
Heb nur leise dein Angesicht,
daß dir mein Niederschlag
fast wie dein eigenes Weinen sei.

Stürmt meine Stärke an dir vorbei,
stelle dich aufrecht in meinen Wind;
schließe die Lider vor meinem Wehn,
sei blind
vor lauter Mich-sehn.

WELT war in dem Antlitz der Geliebten –,
aber plötzlich ist sie ausgegossen:
Welt ist draußen, Welt ist nicht zu fassen.

Warum trank ich nicht, da ich es aufhob,
aus dem vollen, dem geliebten Antlitz
Welt, die nah war, duftend meinem Munde?

Ach, ich trank. Wie trank ich unerschöpflich.
Doch auch ich war angefüllt mit zuviel
Welt, und trinkend ging ich selber über.

MAGIE

Aus unbeschreiblicher Verwandlung stammen
solche Gebilde —: Fühl! und glaub!
Wir leidens oft: zu Asche werden Flammen;
doch, in der Kunst: zur Flamme wird der Staub.

Hier ist Magie. In das Bereich des Zaubers
scheint das gemeine Wort hinaufgestuft ...
und ist doch wirklich wie der Ruf des Taubers,
der nach der unsichtbaren Taube ruft.

NACHTHIMMEL UND STERNENFALL

Der Himmel, groß, voll herrlicher Verhaltung,
ein Vorrat Raum, ein Übermaß von Welt.
Und wir, zu ferne für die Angestaltung,
zu nahe für die Abkehr hingestellt.

Da fällt ein Stern! Und unser Wunsch an ihn,
bestürzten Aufblicks, dringend angeschlossen:
Was ist begonnen, und was ist verflossen?
Was ist verschuldet? Und was ist verziehn?

HEB mich aus meines Abfalls Finsternissen
in dein Gesicht, das mich so süß erkennt.
Wie war ich, damals, zu dir hingerissen,
in meines Herzens Element.

Nun fiel ich ab und muß mich trübe trösten
mit wirrem, wucherndem Gelüst;
du hast den Innigen, dir Eingeflößten,
Geliebte, nicht zuend geküßt.

Die Sehnsucht, die du namenlos erlitten,
bricht nun in meinen Adern aus und schreit.
Wie trugst du nur in deinen Liebesmitten
die Leere, die den Einsamen entzweit!

AUS DEM UMKREIS: NÄCHTE

Nacht. Oh du in Tiefe gelöstes
Gesicht an meinem Gesicht.
Du, meines staunenden Anschauns größtes
Übergewicht.

Nacht, in meinem Blicke erschauernd,
aber in sich so fest;
unerschöpfliche Schöpfung, dauernd
über dem Erdenrest;

voll von jungen Gestirnen, die Feuer
aus der Flucht ihres Saums
schleudern ins lautlose Abenteuer
des Zwischenraums:

wie, durch dein bloßes Dasein, erschein ich,
Übertrefferin, klein –;
doch, mit der dunkelen Erde einig,
wag ich es, in dir zu sein.

DREI GEDICHTE AUS DEM UMKREIS: SPIEGELUNGEN

I

O schöner Glanz des scheuen Spiegelbilds!
Wie darf es glänzen, weil es nirgends dauert.
Der Frauen Dürsten nach sich selber stillts.
Wie ist die Welt mit Spiegeln zugemauert

für sie. Wir fallen in der Spiegel Glanz
wie in geheimen Abfluß unseres Wesens;
sie aber finden ihres dort: sie lesens.
Sie müssen doppelt sein, dann sind sie ganz.

Oh, tritt, Geliebte, vor das klare Glas,
auf daß du seist. Daß zwischen dir und dir
die Spannung sich erneue und das Maß
für das, was unaussprechlich ist in ihr.

Gesteigert um dein Bild: wie bist du reich.
Dein Ja zu dir bejaht dir Haar und Wange;
und überfüllt von solchem Selbstempfange,
taumelt dein Blick und dunkelt im Vergleich.

II

Immer wieder aus dem Spiegelglase
holst du dich dir neu hinzu;
ordnest in dir, wie in einer Vase,
deine Bilder. Nennst es *du*,

dieses Aufblühn deiner Spiegelungen,
die du eine Weile leicht bedenkst,
eh du sie, von ihrem Glück bezwungen,
deinem Leibe wiederschenkst.

III

Ach, an ihr und ihrem Spiegelbilde,
das, wie Schmuck im schonenden Etui,
in ihr dauert, abgelegt ins Milde, –
ruht der Liebende; abwechselnd sie

fühlend und ihr inneres Geschmeid ...
Er: kein eignes Bild in sich verschließend;
aus dem tiefen Innern überfließend
von gewußter Welt und Einsamkeit.

JETZT wär es Zeit, daß Götter träten aus
bewohnten Dingen ...
Und daß sie jede Wand in meinem Haus
umschlügen. Neue Seite. Nur der Wind,
den solches Blatt im Wenden würfe, reichte hin,
die Luft, wie eine Scholle, umzuschaufeln:
ein neues Atemfeld. Oh Götter, Götter!
Ihr Oftgekommnen, Schläfer in den Dingen,
die heiter aufstehn, die sich an den Brunnen,
die wir vermuten, Hals und Antlitz waschen
und die ihr Ausgeruhtsein leicht hinzutun
zu dem, was voll scheint, unserm vollen Leben.
Noch einmal sei es euer Morgen, Götter.
Wir wiederholen. Ihr allein seid Ursprung.
Die Welt steht auf mit euch, und Anfang glänzt
an allen Bruchstelln unseres Mißlingens ...

ROSE, oh reiner Widerspruch, Lust,
Niemandes Schlaf zu sein unter soviel
Lidern.

*

ANKUNFT

In einer Rose steht dein Bett, Geliebte. Dich selber
(oh ich Schwimmer wider die Strömung des Dufts)
hab ich verloren. So wie dem Leben zuvor
diese (von außen nicht meßbar) dreimal drei Monate sind,
so, nach innen geschlagen, werd ich erst *sein*. Auf einmal,
zwei Jahrtausende vor jenem neuen Geschöpf,
das wir genießen, wenn die Berührung beginnt,
plötzlich: gegen dir über, werd ich im Auge geboren.

[FÜR ALFRED WALTHER HEYMEL]

Tage, wenn sie scheinbar uns entgleiten,
gleiten leise doch in uns hinein,
aber wir verwandeln alle Zeiten;
denn wir sehnen uns zu sein . . . .

[GEDICHTE FÜR LULU ALBERT-LAZARD]

[I]

Heimkehr: wohin? Da alle Arme schmerzen
und Blicke, alle, mißverstehn.
Auszug: wohin? Die Fernen sind im Herzen,
und wie sie dir nicht *dort* geschehn,

betrügst du dich um jeden Weg. Was bleibt?

Nichts, als zu *sein*. Zum nächsten Stein zu sagen:
Du bist jetzt ich; ich aber bin der Stein.
Heil mir. Die Not kann aus mir Quellen schlagen,
und das Unsägliche wird aus mir schrein,

das Menschen nicht ertragen, wenn sie's treibt.

[II]
Der Freundin:

Da hängt in meinem ersten starken Turme
der Jugend schweres Glockengut.
Sei Weite, du, sei Himmel meinem Sturme
und fülle fühlend, wo er ruht,
das Reine der erholten Räume aus.

Das war mein Herz. Und drängt nun voller Eifer,
wo ich nicht bin, zu wirken, hundertfach.
Sehr schmerzhaft wächst in mir ein nächstes nach.
Und ist es endlich größer, süßer, reifer:
ich leb es nicht. Es bricht aus mir hinaus.

[III]

Über anderen Jahren
standest du verhüllt, Gestirn.
Nun wird was wir waren
sich zu Wegen entwirrn.

Wo kein Weg gezogen
hinter uns, jetzt sich erweist,
sind wir geflogen –
                der Bogen
ist noch in unserm Geist.

[IV]

Sind wirs, Lulu, sind wirs? Oder grüßen
sich in uns entgangene Gestalten?
Durch die Herzen, die wir offen halten,
geht der Gott mit Flügeln an den Füßen,

jener, weißt du, der die Dichter nimmt;
eh sie noch von ihrem Wesen wissen,
hat er sie erkannt und hingerissen
und zum Unermessenen bestimmt.

Einem Gott nur ist die Macht gegeben,
das noch Ungewollte zu entwirrn.
Wie die Nacht mit zweien Tagen neben
steht er plötzlich zwischen unsern Leben
voll von zögerndem Gestirn.

In uns beide ruft er nach dem Dichter.
Und da glühst du leise und ich glühe.
Und er wirft uns durch der Angesichter
Klärungen die Vögel seiner Frühe.

[V]

Laß mich nicht an deinen Lippen trinken,
denn an Munden trank ich mir Verzicht.
Laß mich nicht in deine Arme sinken,
denn mich fassen Arme nicht.

[VI]
Ausgesetzt auf den Bergen des Herzens ...

Einmal noch kam zu dem Ausgesetzten,
der auf seines Herzens Bergen ringt,
Duft der Täler. Und er trank den letzten
Atem wie die Nacht die Winde trinkt.
Stand und trank den Duft, und trank und kniete
noch ein Mal.
Über seinem steinigen Gebiete
war des Himmels atemloses Tal
ausgestürzt. Die Sterne pflücken nicht
Fülle, die die Menschenhände tragen,
schreiten schweigend, wie durch Hörensagen
durch ein weinendes Gesicht.

[VII]

Siehe, ich wußte es sind
solche, die nie den gemeinsamen Gang
lernten zwischen den Menschen;
sondern der Aufgang in plötzlich
entatmete Himmel
war ihr Erstes. Der Flug
durch der Liebe Jahrtausende
ihr Nächstes, Unendliches.

Eh sie noch lächelten
weinten sie schon vor Freude;
eh sie noch weinten
war die Freude schon ewig.

Frage mich nicht
wie lange sie fühlten; wie lange
sah man sie noch? Denn unsichtbare sind
unsägliche Himmel
über der inneren Landschaft.

Eines ist Schicksal. Da werden die Menschen
sichtbarer. Stehn wie Türme. Verfalln.
Aber die Liebenden gehn
über der eignen Zerstörung
ewig hervor; denn aus dem Ewigen
ist kein Ausweg. Wer widerruft
Jubel?

[VIII]

O wie sind die Lauben unsrer Schmerzen
dicht geworden. Noch vor wenig Jahren
hätten wir für unsre wunderbaren
Herzen nicht so dunkeln Schutz gefunden.

Winde hätten von den Liebesmunden
uns die stillen Flammen hingerissen,
und es wäre aus den ungewissen
Stunden kühler Schein in uns gefallen.

Aber hinter unsern Schmerzen, allen
immer höhern, immer dichtern
Schmerzen, brennen wir mit windstillen Gesichtern.

[IX]

Durch den plötzlich schönen Garten trägst du,
trägst du, Tragendste der Trägerinnen,
mir das ganz vergossne Herz zum Brunnen.

Und ich steh indessen mit dem deinen
unerschöpflichen in diesem schönen,
dem unendlich aufgefühlten Garten.

Wie ein Knabe steht mit seinen künftig
starken Gaben, sie noch nicht beginnend,
halt ich die Begabung deines Herzens.

Und du gehst indessen mit dem meinen
an den Brunnen. Aber um uns beide
sind wir selber dieser schöne Garten.

Sieh, was sind wir nicht? Wir sind die Sterne,
welche diesen Garten nachts erwiedern,
und das Dunkel um die hohen Sterne.

Sind die Flüsse in den fremden Ländern,
sind der Länder Berge, und dahinter
sind wir wieder eine nächste Weite.

Einzeln sind wir Engel nicht; zusammen
bilden wir den Engel unsrer Liebe:
ich den Gang, du seines Mundes Jugend.

[X]

Nächtens will ich mit dem Engel reden,
ob er meine Augen anerkennt.
Wenn er plötzlich fragte: Schaust du Eden?
Und ich müßte sagen: Eden brennt

Meinen Mund will ich zu ihm erheben,
hart wie einer, welcher nicht begehrt.
Und der Engel spräche: Ahnst du Leben?
Und ich müßte sagen: Leben zehrt

Wenn er jene Freude in mir fände,
die in seinem Geiste ewig wird, –
und er hübe sie in seine Hände,
und ich müßte sagen: Freude irrt

[XI]

Aus der Trübe müder Überdrüsse
reißt, die wir einander bebend bringen,
uns die Botschaft. Welche? Wir vergingen –
Ach wann waren Worte diese Küsse?

Diese Küsse waren einmal Worte;
stark gesprochen an der Tür ins Freie
zwangen sie die Pforte.
Oder waren diese Küsse Schreie . .

Schreie auf so schönen Hügeln, wie sie
deine Brüste sind. Der Himmel schrie sie
in den Jugendjahren seiner Stürme.

[XII]

Wie die Vögel, welche an den großen
Glocken wohnen in den Glockenstühlen,
plötzlich von erdröhnenden Gefühlen
in die Morgenluft gestoßen
und verdrängt in ihre Flüge
Namenszüge
ihrer schönen
Schrecken um die Türme schreiben:

können wir bei diesem Tönen
nicht in unsern Herzen bleiben

— — — — — — — — — — — — — — — — — —
— — — — — — — — — — — — — — — — — —

[XIII]

Endlich ist bei diesem Schaun und Tauchen
in das deinige, das nicht, das nie
ganz verwendete Gesicht zu brauchen:
schweigend steigt in die getrunknen Augen
Tiefe aus dem Knien der Knie

– – – – – – – – – – – – – – – – – – – –

– – –

[XIV]
Für Lulu

Sieh, ich bin nicht, aber wenn ich wäre,
wäre ich die Mitte im Gedicht;
das Genaue, dem das ungefähre
ungefühlte Leben widerspricht.

Sieh ich bin nicht. Denn die Andern sind;
während sie sich zu einander kehren
blind und im vergeßlichsten Begehren –,
tret ich leise in den leeren
Hund und in das volle Kind.

Wenn ich mich in ihnen tief verkläre
scheint durch sie mein reiner Schein ...
Aber plötzlich gehn sie wieder ein:
denn ich bin nicht. (Liebe, daß ich wäre –)

[XV]

Weißt Du noch: auf Deinem Wiesenplatze
las ich Dir am schönen Vormittage,
(jenem ersten, den ich aus dem Schatze
einer wunderschönen Zeit gehoben)
las das Lied der Rühmung und der Klage.
Und mir schien Dein Leben wie von oben
zuzuhören; wie von jeder Seite
kam es näher; aus dem sanften Rasen
stieg es in die Räume meiner Stimme.
Aber plötzlich, da wir nicht mehr lasen
gab ich Dich aus Nachbarschaft und Weite
Dir zurück in Dein gefühltes Wesen.

Fernesein ist nur ein Lauschen: höre.
Und jetzt bist Du diese ganze Stille.
Doch mein Aufblick wird Dich immer wieder
sammeln in den lieben: Deinen Körper.

FÜR HANS CAROSSA

Auch noch Verlieren ist *unser*; und selbst das Vergessen
hat noch Gestalt in dem bleibenden Reich der Verwandlung.
Losgelassenes kreist; und sind wir auch selten die Mitte
einem der Kreise: sie ziehn um uns die heile Figur.

[SIEBEN GEDICHTE]
[*Spätherbst 1915*]

[I]

Auf einmal faßt die Rosenpflückerin
die volle Knospe seines Lebensgliedes,
und an dem Schreck des Unterschiedes
schwinden die [linden] Gärten in ihr hin

[II]

Du hast mir, Sommer, der du plötzlich bist,
zum jähen Baum den Samen aufgezogen.
(Innen Geräumige, fühl in dir den Bogen
der Nacht, in der er mündig ist.)
Nun hob er sich und wächst zum Firmament,
ein Spiegelbild das neben Bäumen steht.

O stürz ihn, daß er, umgedreht
in deinen Schooß, den Gegen-Himmel kennt,
in den er wirklich bäumt und wirklich ragt.
Gewagte Landschaft, wie sie Seherinnen
in Kugeln schauen. Jenes Innen
in das das Draußensein der Sterne jagt.
[Dort tagt der Tod, der draußen nächtig scheint.
Und dort sind alle, welche waren,
mit allen Künftigen vereint
und Scharen scharen sich um Scharen
wie es der Engel meint.]

[III]

Mit unsern Blicken schließen wir den Kreis,
daß weiß in ihm [die] wirre Spannung schmölze.
Schon richtet dein unwissendes Geheiß
die Säule auf in meinem Schamgehölze.

Von dir gestiftet steht des Gottes Bild
am leisen Kreuzweg unter meinem Kleide;
mein ganzer Körper heißt nach ihm. Wir beide
sind wie ein Gau darin sein Zauber gilt.

Doch Hain zu sein und Himmel um die Herme
das ist an dir. Gieb nach. Damit
der freie Gott inmitten seiner Schwärme
aus der entzückt zerstörten Säule tritt.

[IV]

Schwindende, du kennst die Türme nicht.
Doch nun sollst du einen Turm gewahren
mit dem wunderbaren
Raum in dir. Verschließ dein Angesicht.
Aufgerichtet hast du ihn
ahnungslos mit Blick und Wink und Wendung.
Plötzlich starrt er von Vollendung,
und ich, Seliger, darf ihn beziehn.
Ach wie bin ich eng darin.
Schmeichle mir, zur Kuppel auszutreten:
um in deine weichen Nächte hin
mit dem Schwung schooßblendender Raketen
mehr Gefühl zu schleudern, als ich bin.

[V]

Wie hat uns der zu weite Raum verdünnt.
Plötzlich besinnen sich die Überflüsse.
Nun sickert durch das stille Sieb der Küsse
des bittren Wesens Alsem und Absynth.

Was sind wir viel, aus meinem Körper hebt
ein neuer Baum die überfüllte Krone
und ragt nach dir: denn sieh, was ist er ohne
den Sommer, der in deinem Schooße schwebt.
Bist du's bin ich's, den wir so sehr beglücken?
Wer sagt es, da wir schwinden. Vielleicht steht
im Zimmer eine Säule aus Entzücken,
die Wölbung trägt und langsamer vergeht.

[VI]

Wem sind wir nah? Dem Tode oder dem,
was noch nicht ist? Was wäre Lehm an Lehm,
formte der Gott nicht fühlend die Figur,
die zwischen uns erwächst. Begreife nur:
das ist mein Körper, welcher aufersteht.
Nun hilf ihm leise aus dem heißen Grabe
in jenen Himmel, den ich in dir habe:
daß kühn aus ihm das Überleben geht.
Du junger Ort der tiefen Himmelfahrt.
Du dunkle Luft voll sommerlicher Pollen.
Wenn ihre tausend Geister in dir tollen,
wird meine steife Leiche wieder zart.

[VII]

Wie rief ich dich. Das sind die stummen Rufe,
die in mir süß geworden sind.
Nun stoß ich in dich Stufe ein um Stufe
und heiter steigt mein Samen wie ein Kind.
Du Urgebirg der Lust: auf einmal springt
er atemlos zu deinem innern Grate.
O gieb dich hin, zu fühlen wie er nahte;
denn du wirst stürzen, wenn er oben winkt.

KOMM du, du letzter, den ich anerkenne,
heilloser Schmerz im leiblichen Geweb:
wie ich im Geiste brannte, sieh, ich brenne
in dir; das Holz hat lange widerstrebt,
der Flamme, die du loderst, zuzustimmen,
nun aber nähr' ich dich und brenn in dir.
Mein hiesig Mildsein wird in deinem Grimmen
ein Grimm der Hölle nicht von hier.
Ganz rein, ganz planlos frei von Zukunft stieg
ich auf des Leidens wirren Scheiterhaufen,
so sicher nirgend Künftiges zu kaufen
um dieses Herz, darin der Vorrat schwieg.
Bin ich es noch, der da unkenntlich brennt?
Erinnerungen reiß ich nicht herein.
O Leben, Leben: Draußensein.
Und ich in Lohe. Niemand der mich kennt.

ALPHABETISCHES VERZEICHNIS DER GEDICHT-ANFÄNGE UND ÜBERSCHRIFTEN

Abendläuten. Aus den Bergen hallt es ... 20
Abschied ... 75
Ach, an ihr und ihrem Spiegelbilde ... 160
Advent ... 38
Alles ist mir lieb, die Sommersprossen ... 146
An der sonngewohnten Straße, in dem ... 151
An die Musik ... 138
Ankunft ... 162
[An Lou Andreas-Salomé] ... 123
Archaïscher Torso Apollos ... 82
Auf einmal faßt die Rosenpflückerin ... 174
Auferstehung ... 77
Aus dem Umkreis: Nächte (Nacht. Oh du in Tiefe gelöstes) ... 158
Aus der Trübe müder Überdrüsse ... 170
Blaue Hortensie ... 76
Blondköpfchen hinter den Scheiben ... 29
Corrida ... 90
Da hängt in meinem ersten starken Turme ... 164
Das Füllhorn ... 145
Das ist die Sehnsucht: wohnen im Gewoge ... 40
Das Karussell ... 80
Das Land ist licht und dunkel ist die Laube ... 114
Das Lied der Bildsäule ... 54
Das Rosen-Innere ... 94
Das war der Tag der weißen Chrysanthemen, – ... 27
Daß ich die Früchte beschrieb ... 147
Der Abenteuerer I-II ... 87

Der Ball ... 99
Der Knabe ... 59
Der Panther ... 72
Der Pavillon ... 98
Der Schwan ... 73
Der Tod der Geliebten ... 84
Der Wahnsinn ... 55
Dich zu fühlen bin ich aus den leichten ... 133
Die Brandstätte ... 86
Die Braut ... 57
Die Fenster glühten an dem stillen Haus ... 22
Die Flamingos ... 95
Die Kurtisane ... 78
Die Liebende (Das ist mein Fenster. Eben) ... 93
Die Liebende
   (Ja, ich sehne mich nach dir. Ich gleite) ... 56
Die Liebenden
   (Sieh, wie sie zu einander erwachsen) ... 120
Die Liese wird heute just sechzehn Jahr ... 30
Die Nacht holt heimlich durch des Vorhangs
   Falten ... 39
Die Nacht im Silberfunkenkleid ... 32
Die Nacht liegt duftschwer auf dem Parke ... 19
Die Rose hier, die gelbe ... 15
Die Schwestern ... 92
Die siebente Elegie ... 100
Die Stille ... 58
Drei Gedichte aus dem Umkreis:
   Spiegelungen I-III ... 159
Du aber, Göttlicher, du, bis zuletzt noch Ertöner ... 108
Du, die ich zeitig schon begann zu feiern ... 141

Du hast mir, Sommer, der du plötzlich bist ... 174
Du im Voraus ... 130
Du mußt das Leben nicht verstehen ... 42
Durch den plötzlich schönen Garten trägst du ... 168
Ein Erinnern, das ich heilig heiße ... 25
Ein junges Mädchen: das ist wie ein Stern ... 119
Eine alte Weide trauert ... 15
Eine Sibylle ... 85
Einen Maitag mit dir beisammen sein ... 28
Einmal, am Rande des Hains ... 115
Einmal kam die Frau, die reiche, reife ... 148
Einmal nahm ich zwischen meine Hände ... 129
Einmal noch kam zu dem Ausgesetzten ... 166
Einsamkeit ... 62
Endlich ist bei diesem Schaun und Tauchen ... 171
Engellieder ... 45
Entsinnen ist da nicht genug, es muß ... 124
Ernste Stunde ... 65
Es gibt so wunderweiße Nächte ... 22
Es ist ein Weltmeer voller Lichte ... 31
Es ist lang, – es ist lang 36
Es leuchteten im Garten die Syringen ... 33
Fahlgrauer Himmel, von dem jede Farbe ... 19
Flutet mir in diese trübe Reise ... 131
Fragst du mich: Was war in deinen Träumen ... 116
Früher Apollo ... 68
Frühling ist wiedergekommen. Die Erde ... 107
[Für Alfred Walther Heymel] ... 163
Für Hans Carossa ... 173
Gebet für die Irren und Sträflinge ... 121
[Gedichte für Lulu Albert-Lazard] ... 164

Gegen-Strophen ... 142
Glaubt mir, daß ich, matt vom Kranken ... 25
Graue Liebesschlangen hab ich aus deinen ... 138
Hat auch mein Engel keine Pflicht mehr ... 45
Heb mich aus meines Abfalls Finsternissen ... 157
Heimkehr: wohin? Da alle Arme schmerzen ... 164
Herbsttag ... 63
Heute will ich dir zu Liebe Rosen ... 134
Ich bin zu Hause zwischen Tag und Traum ... 41
Ich denke an ... 13
Ich fürchte mich so vor der Menschen Wort ... 48
Ich geh dir nach, wie aus der dumpfen Zelle ... 113
Ich hielt mich überoffen, ich vergaß ... 123
Ich lebe mein Leben in wachsenden Ringen ... 50
Ich liebe dich, du sanftestes Gesetz ... 51
Ich ließ meinen Engel lange nicht los ... 45
Ich möchte dir ein Liebes schenken ... 111
Ich träume tief im Weingerank ... 30
Ich war noch ein Knabe. Ich weiß, es hieß ... 31
Ich weiß nicht, wie mir geschieht 28
Ich wollt, sie hätten statt der Wiege ... 16
Im Frühling oder im Traume ... 35
Im Schooß der silberhellen Schneenacht ... 20
Immer wieder aus dem Spiegelglase ... 159
Immer wieder, ob wir der Liebe Landschaft auch kennen ... 136
In den Tagen – (nein, es waren keine) ... 88
Jene Wolke will ich neiden ... 16
Jetzt wär es Zeit, daß Götter träten aus ... 161
Kindheit (Es wäre gut viel nachzudenken, um) ... 74
Komm du, du letzter, den ich anerkenne ... 178

..... Komm wann du sollst. Dies alles wird durch
mich ... 126
Laß mich nicht an deinen Lippen trinken ... 166
Leda ... 83
Lieben (I-XXII) ... 27
Liebesanfang ... 137
Liebes-Lied ... 69
[Lied] (Du, der ichs nicht sage, daß bei Nacht) ... 122
Lösch mir die Augen aus: ich kann dich sehn ... 52
Magie ... 155
Man merkte: der Herbst kam. Der Tag war schnell ... 35
Manchmal da ist mir: Nach Gram und Müh ... 36
Matt durch der Tale Gequalme wankt ... 25
Mein Herz gleicht der vergessenen Kapelle ... 13
Mein Leben ist wie leise See ... 112
Menschen bei Nacht ... 61
Mir ist: Die Welt, die laute, kranke ... 17
Mir ist: ein Häuschen wär mein eigen ... 14
Mir ist so weh, so weh, als müßte ... 24
Mit unsern Blicken schließen wir den Kreis ... 175
Möchte mir ein blondes Glück erkiesen ... 21
Nach einem Glück ist meine Seele lüstern ... 34
Nächtens will ich mit dem Engel reden ... 169
Nachthimmel und Sternenfall ... 156
Nenn ich dich Aufgang oder Untergang? ... 49
Nicht, wie du ihn nennst, wird ... 129
Noch fast gleichgültig ist dieses Mit-dir-sein 150
O gäbs doch Sterne, die nicht bleichen ... 24
O ihr Zärtlichen, tretet zuweilen ... 105
O schöner Glanz des scheuen Spiegelbilds! ... 159
O wie sind die Lauben unsrer Schmerzen ... 168

Ob du's noch denkst, daß ich dir Äpfel brachte ... 28
Oft scheinst du mir ein Kind, ein kleines, – ... 33
Oh du bist schön. Wenn auch nicht mir ... 67
Oh erhöhe mich nicht! ... 153
Oh wie fühl ich still zu dir hinüber ... 132
Oh wie schälst du mein Herz aus den Schalen
   des Elends ... 133
Opfer ... 70
Östliches Taglied ... 71
Perlen entrollen. Weh, riß eine der Schnüre? ... 125
Persisches Heliotrop ... 96
Römische Fontäne ... 79
Rose, oh reiner Widerspruch, Lust ... 162
Rühmt euch, ihr Richtenden, nicht der
   entbehrlichen Folter ... 110
Sag weißt du Liebesnächte? Treiben nicht ... 65
Schlaflied ... 97
Schon blinzt aus argzerfetztem Laken ... 18
Schon starb der Tag. Der Wald war zauberhaft ... 32
Schwindende, du kennst die Türme nicht ... 175
Seine Hände blieben wie blinde ... 46
Seit mich mein Engel nicht mehr bewacht ... 45
Sie hatte keinerlei Geschichte ... 35
[Sieben Gedichte] [I-VII] ... 174
Sieh, ich bin nicht, aber wenn ich wäre ... 171
Siehe, ich wußte es sind ... 167
Sind wirs, Lulu, sind wirs? Oder grüßen ... 165
Spiegel: noch nie hat man wissend beschrieben ... 109
Tränenkrüglein ... 144
Träume, die in deinen Tiefen wallen ... 44
Träumen [I-XXVIII] ... 13

Über anderen Jahren ... 165
Überfließende Himmel verschwendeter Sterne ... 128
Um die vielen Madonnen sind ... 47
.... Und dein Haar, das niederglitt ... 117
Und fast ein Mädchen wars und ging hervor ... 104
Und sieh: ihr Leib ist wie ein Bräutigam ... 53
Und wie mag die Liebe dir kommen sein? ... 27
Vor lauter Lauschen und Staunen sei still ... 43
Vor mir liegt ein Felsenmeer ... 22
Vorgefühl ... 64
Wandelt sich rasch auch die Welt ... 106
Waren Schritte in dem Heiligtume? ... 118
Warst Du's, die ich im starken Traum umfing ... 152
Weiß ich denn, wie mir geschieht? ... 18
Weißt Du noch: auf Deinem Wiesenplatze ... 172
Welche Wiesen duften deine Hände? ... 66
Welt war in dem Antlitz der Geliebten –, ... 154
Weltenweiter Wandrer ... 21
Wem sind wir nah? Dem Tode oder dem ... 176
Wenn das Volk, das drohnenträge ... 17
Wenn er unter jene welche *waren* ... 87
Wenn ich einmal im Lebensland ... 46
Wie die Vögel, welche an den großen ... 170
Wie eine Riesenwunderblume prangt ... 23
Wie hat uns der zu weite Raum verdünnt ... 176
Wie, jegliches Gefühl vertiefend ... 23
Wie man ein Tuch vor angehäuften Atem ... 123
Wie rief ich dich. Das sind die stummen Rufe ... 177
Wie waren sie verwirrt, die jungen Büglerinnen ... 139
Wilder Rosenbusch ... 149
Wir gingen unter herbstlich bunten Buchen ... 34

Wir, in den ringenden Nächten ... 144
Wir saßen beide in Gedanken ... 29
Wir saßen beisammen im Dämmerlichte ... 15
Wunderliches Wort: die Zeit vertreiben! ... 140
Zum Einschlafen zu sagen ... 60

TEXTNACHWEISE

Die Gedichte wurden zitiert nach:

Rainer Maria Rilke, *Die Gedichte*. © Insel Verlag Frankfurt am Main und Leipzig 1986.

Rainer Maria Rilke, *Werke*. Kommentierte Ausgabe in vier Bänden. Herausgegeben von Manfred Engel, Ulrich Fülleborn, Horst Nalewski und August Stahl. © Insel Verlag Frankfurt am Main und Leipzig 1996.